1000人の
トップセールスを
データ分析してわかった
営業の正解

株式会社フリクレア代表取締役
山田和裕

かんき出版

【はじめに】

『営業の正解』というタイトルを見て、違和感を抱く人もいるかもしれません。

「営業に正解などない」

「営業は属人的なもの」

「営業が１００人いたら、１００通りのやり方があっていい」

そう教えられ、その考えに染まってしまっている人にとっては、今まで信じていた常識が根底からくつがえされてしまうからです。


実は、業種・業界を超えて「できる営業」に共通する成功特性があります。それが〝営業の正解〟です。逆に、「できない営業」に共通する失敗特性（悪い癖）もあります。

それは営業の不正解＝間違いです。


本書は、営業の正解をまとめた本です。「できる営業」と「できない営業」のよくあるパターンを対比させながら、営業の悩みに答える形で正解を導き出します。

また、豊富な事例や分析例を各項目の中に織り込みます。例えば、ＩＴ、自動車、保険、医薬、旅行、行政営業、機械、部品、建築、住宅、飲料、人材派遣、事務機器、飲食チェーン、総合物流などです。

視点を変えて、営業の正解を導き出す背景となる営業のトレンド変化にふれます。**今の時代の営業は、顧客の課題を共有し、一緒に解決するお手伝いをすることです。**営業の本質を理解しないまま、単なるモノ売りと考え思考停止に陥ると、つまらない仕事のように感じるかもしれません。しかし、顧客の課題解決に協力することと定義を変えると、営業はクリエイティブで魅力的な仕事に思えてきます。

営業は重要でやりがいのある仕事です。どんなにいい商品があっても、ネットで売れるモノばかりではありません。顧客の求めるものを察知し、琴線に触れるような提案を行う創意工夫が求められます。だから営業は必要であり、数も多いのです。

しかし、時にお客様に煙たがられ冷たくあしらわれることもあり、辛く感じるときもあります。どうやれば、お客様に感謝され、自社の商品やサービスを効果的に売ることができるのか。営業の永遠のテーマです。

ヒントは、課題解決型やコンサルティング型にシフトしていくことです。そうすることで、出入り業者から立ち位置が変わり、場合によっては先生と呼ばれるようにもなります。

とはいっても課題解決型への転換は口で言うほど簡単ではありません。努力しながらも、なかなか結果の出ない営業の悩みはつきません。営業の勝ちパターンを、体系立てて論理的に教えてもらえる会社はほとんどないからです。

基本マナーを学び、精神論を注入されたあとは、自己流でなんとかやっていくしかないというのが、過去50年進歩していない日本の営業の現実です。

「トップセールスはどういう仕事のやり方をしているのか？」

「わかりやすいロジカルな営業手法はないのか？」

ビジネス誌を読んでも、再現性がありません。出てくるのは、きれいごとの理想論、自分にはとうていまねできないドラマのような話や、嫌がれても何度も通い土下座して根負けした客が同情して買ってくれた、などの昭和的な苦労話ばかり。そもそも雑誌の1～2ページの薄っぺらい文章で、再現できるような成功パターンがわかるはずがないのです。

身近にいる「できる営業」と言われる人にもたずねてみますが、精神論や抽象論が多くあまり参考になりません。実は「できる営業」本人もなぜ売れているのか、よくわかってないケースが多いのです。営業にかぎらず「できる人」のノウハウの言語化は難しいものなのです。

属人的なやり方を言語化するのは難しいと書きましたが、**実は「トップセールス＝できる営業」のやり方を、標準化・見える化する手法は存在しています。**

私は１０００人のトップセールスをデータ分析して、試行錯誤しながら〝3次元プロセス分析法®〟という独自の手法を開発して見える化のお手伝いをしています。

これまでは「結果がすべて」という誤った常識がまかり通ってきましたが、いくら結果の数字だけを詰めても何も改善しません。いつまでも精神論・根性論では進歩がありません。

ＩＴ技術が進歩した今ですら、営業分野の科学的な分析はあまり進んでいないのが悲しい現実です。精神論・根性論の権化であったスポーツも、今はかなり科学的になっています。旧態依然とした今の営業スタイルはすでに行き詰まっているのです。

そういえば、最近にわかに注目が集まっているAIで行動特性を分析できないのでしょうか？　残念ながら、本当に営業で使えるようになるのはまだ先の話です。

理由は、まず信頼できるデータ量が少ないためです。AIの精度を上げるためには、膨大な量のデータをコンピュータに読み込ませることが必要ですが、そのデータ量が圧倒的に足りないのです。


現実の営業の世界では、SFA／CRM（営業支援システム）の入力すらまだ徹底できていません。入力されていても使えないゴミデータも多いので、分析の精度も低いのです。

また、データを集めようにも、外部の顧客とのやり取りは、社外秘の内容が多いので、普通は録画や録音もできません。対戦記録がちゃんと残されているチェス・囲碁・将棋とは違うのです。

Google検索のように営業ツールへの入力が当たり前になり、データの量と質が担保されるまでは、もうしばらく待たなければなりません。現段階ではまだ、正しい対象者を選び、ヒアリングで見える化し、仮説検証した成功要因の方が精度が高いのが現実です。

私は結果を出すための営業プロセスの標準化・見える化を行うために、大手〜中堅企業を中心に、１０００人以上のトップセールスにヒアリングをしてきましたが、その中で一番多い答えは「私は当たり前のことを、当たり前にやっているだけです」という平凡なものです。

しかし、その「当たり前のこと」を掘り下げると、誰にでもできそうだが気づいていない、ちょっとした違いが浮かび上がってきます。

と説明されても、まだ半信半疑かもしれません。試しに、目次の中から興味のある項目を２、３個選んでザッと目を通してみてください。

いくつかハッとするキャッチフレーズやヒントが見つかるはずです。新しい営業の常識が見えてくるかもしれません。

もちろん、たいした正解が見つからなければ、そのまま本を書棚に戻してもらってかまいません。それは、あなたがすでに「できる営業」として実践してきた「当たり前のこと」が書いてあるからです。

でも、あなたの周りの同僚や部下はどうでしょうか？　もし、周りにいる迷える営業たちを、底上げしたいと考えているのであれば、「この本でも読んでみれば」とさりげなく渡してあげてください。

今の営業はチーム営業です。個人力ではなく組織力です。周りのメンバーたちが底上げできれば、あなたの仕事も楽になります。すると、本来やるべきことに集中できるはずです。お互い切磋琢磨できるポジティブなムードが育まれます。

本書で紹介する営業の正解には、すでに実践しているものもあるかもしれません。ここで取り上げた正解をすべて読む必要はないかもしれません。いくつか読み飛ばしてもらってもかまいません。

とはいえ、自分なりにやってきたものの、漠然とこれでよいのか？　と感じていたことがやっぱり正しかったという再確認ができます。さらに高みを目指すために参考となる、他業界のヒントが必ず見つかるはずです。そこだけかいつまんで読んでみてください。

これから「できる営業」を目指す人は、まず「初級編」から見てください。

実績を上げていてレベルアップを目指す人は「中級編」。

すでに「できる営業」として評価されて、部下の指導や将来的なマネジメントを目指す人は「上級編」をご覧ください。

さらにその上の科学的な営業を目指す人には、「トップ・オブ・トップ編」も用意しています。

だまされたと思って「プロセス思考の営業の正解」をちょっとだけのぞいてみてください。もちろん、正解はこれだけでは足りないと思います。反論もあるでしょう。異なる考え方も大歓迎です。ぜひ意見交換させてください。

読者のみなさまが、この本をきっかけに、「正解がないと誤解されている営業」についてもっと深く考え、さらにステップアップされることをお祈りしております。

1000人のトップセールスをデータ分析してわかった 営業の正解

■目次■

信頼されるビジネスマナー

提案・プレゼン

個人力から組織力へ

第4章 《営業の正解・上級編》「絶対的なエース」を目指す人へ

顧客との関係構築

高等戦術

第5章
《営業の正解・トップ・オブ・トップ編》
「科学的な営業」を目指す人へ

Contents

科学的な思考法

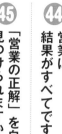

カバーデザイン／井上新八
本文デザイン・図版・イラスト／齋藤稔（株式会社ジーラム）

第1章

《営業の正解・導入編》

1000人のトップセールスをデータ分析してわかった営業の正解

■「できる営業」は、業種・業界を超えて共通する成功特性＝営業の正解を身につけています。「できない営業」とどこがどう違うのか、1000人のトップセールスのデータ分析からわかった具体例をもとに、紹介していきます。

◎「できる営業」には業種や業界を超えて共通する特性がある

「できる営業」には業種や業界を超えて共通する特性があります。

この本は、1000人以上のトップセールスにヒアリングを行い、そのノウハウを標準化・見える化して見えてきた、**共通する成功特性＝〝営業の正解〟**のエッセンスを48にまとめたものです。

最初に、どうやって「できる営業の成功特性」をまとめたのか、手法について簡単にふれておきましょう。

私は営業プロセスの標準化・見える化を行うために、大手〜中堅企業を中心に、1000人以上のトップセールスにヒアリングをし、そのやり方をプロセスに因数分解して、〝見える化ツール〟という資料にまとめてきました。

簡単にいうと言語化、少し難しい言い方をすると、属人化しているトップセールスの「暗黙知」を、他の人でもマネして再現しやすいように「形式知」にするという作業になります。

営業の仕事は個人のセンスや努力次第であり、そのノウハウをまとめるのは難しいと考えている人がまだ多いようです。

「営業のやり方は属人的なもの。営業が100人いれば、100通りのやり方があっていい」。以前はまことしやかにそう言われていました。いまだにそう考えている会社も少なくないと思います。

しかし、今では見える化の手法も進歩して、できる営業の効率的な勝ちパターンを、体系立てて説明することができるようになりました。実は、できる営業＝トップセールスのノウハウ＝正解は、新人でもわかるように標準化や見える化が可能なのです。

私は起業してからすでに10年以上経ちますが、100社超の企業とおつきあいし、その間に400名以上の「できる営業」の話をヒアリング〜標準化・見える化してきました。毎週2時間確保してもらい、3か月間向き合いながら、1社あたり3〜10名の「できる営業」のプロセスの見える化（業務の棚卸し・標準化・資料化・共有化）をじっくり行ってきたのです。

「できる営業」とのおつきあいはその前から始まっていました。起業前は営業支援ツール（SFA）を販売する会社に勤めていましたが、その5年間でトップセールス800名以上の話を聴いています。

業種・業界を問わず幅広く、企業を1日あたり平均2社訪問していました。1年間200日×2件＝400件。これを5年続けたので2000件。毎回トップセールスの話だけというわけではありませんでしたが、40％くらいをヒアリングに費やしていたので、少なく見ても800名以上の「できる営業」の知見を学ぶことができました。

ヒアリングに加えて、営業支援ツールで収集したデータをもとに、営業の行動分析と仮説検証を繰り返し、よくあるパターンの分類とナレッジ化も行いました。

継続して結果を出し続けているハイパフォーマー＝「できる営業」がどういったプロセスに時間を使っているのかを調査し、行動パターンの特徴や、がんばってはいるものの結果が十分に出ない営業との違いなどを分析、客観的なデータで見える化してきました。

普通の営業は他社のトップセールスと話をする機会はそう多くないと思います。1000人以上のトップセールスの興味深い話を聞けたことが、他の人では経験できないユニークな強みになっています。

主観や持論ではなく、データに裏打ちされた科学的な分析を行ったことで、業種・業界を超えた営業の共通性が浮かび上がってきました。AIとしてはごく初歩のレベルですが、経験論や属人性が幅を利かせる営業の世界で、今では大切な知的資産といえるレベルまで体系化できていると思います。

本書でこれまで貴重なノウハウを教えてくれた多くのトップセールスに代わって、普通はあまり知ることのできない成功特性を紹介します。

各種のグラフや分析傾向をまとめたフレームワークなどの客観的な図も織り交ぜながら、論理的にわかりやすく解説します。

◎当たり前のことを掘り下げると秘密が見えてくる

ここまでお伝えしたように、数多くの会社のトップセールスから、継続的・効率的に営業の結果を出すための秘訣、ノウハウ、ヒントなどを傾聴～分析してきたわけですが、いきなり「これだ！」というようなかっこいい答えに出会えたわけではありません。

「できる営業」が挙げた一番多い答えは何だと思いますか？　それは**「当たり前のことを、当たり前にやっているだけ」**というちょっと拍子抜けするような言葉でした。

実はトップセールス自身もなぜ売れているのか、よくわかってないケースが多いのです。スポーツと同じように、営業にかぎらず「できる人」のノウハウの言語化が難しいことは共感していただけると思います。

しかし、それだけでは面白くもなく再現性がありません。本書では、**「当たり前のこと」を具体的なプロセスに分けて、一つひとつ掘り下げていきます。**表面的な話だけで止めずにさらに話を掘り下げていくと、まったく別な会社のトップセールスが、営業のポイントとして、似たような話をしたり、例を挙げたりすることに気づきました。

これが、できる営業には業種や業界に関係なく共通する特性があることに気づいたきっかけです。

「当たり前のこと」の中に、トップセールス本人も意識していない秘密が隠されています。その「当たり前のこと」をわかりやすい具体的な表現に置き換えると、意外と気づいていないが、誰にでもできそうなちょっとした違いが浮かび上がってきます。

それを成功特性としてまとめると、悩める営業の参考になるのではないかと考えるようになりました。

成功特性と言っても、一つひとつから生まれる「差」は、ほんのちょっとです。一つの成功特性だけでは、大きく結果は変わってこないかもしれません。ところが、それがいくつも積み重なっていくと、かなり大きな差になって表れます。営業のレベルはトップとボトムでは、同じ人間とは思えないくらいに違うのです。

しかし、それはもともとの才能や素養ではありません。一般的な言い方をすると「努力」ですが、科学的な言い方をすると「結果を出すためのプロセス＝営業の正解」が徹底できているかの差です。

◎これからの営業はデータによるエビデンス重視

これまでの営業本は、著者自身の経験を活かした「自分はこういうやり方で売って成功しました」という、その人だから売れたという経験論に基づくものが多かったように感じます。属人性そのものです。

あるいは、セールストークやテクニック中心のものも少なくありません。保険など業界特化型の本も多く見かけます。それらの類は、業界が違うとそのままでは自分ゴトに置き換えられず、あまり使えないものも多かったようです。

もちろん、経験論も大切です。他業界の話でも想像力を働かせれば、参考になるヒントは必ず書いてあります。ただ、手っ取り早く理解しやすい同業の話や、即効性を期待する読者には理解しにくいところがあったと思います。

このあたりの限界に読者も気づき始めたのか、最近傾向が変化し、科学的な考え方やエビデンス重視の本が好まれる方向にトレンドが変わってきているようです。ところが、その期待にそうようなエビデンスに裏付けされたロジカルな営業本はまだまだ少ないのです。

そこで、本書はエビデンス重視の傾向に合わせて、「できる営業の正解」を経験論・個人の持論・精神論・根性論・抽象論ではなく、理論的・科学的に解説するように努めました。

「科学的な営業」という言葉自体は以前からも存在していたのですが、ITツールや通信環境が不十分で、データ化には何度も挫折してきた経緯があります。今はスマホの普及や通信速度の高速化により、本格的に取り組む時期がようやく来ていると感じます。

科学的な営業プロセス分析の象徴的な例を次項で紹介します。実際のデータを使ったグラフで、「できる営業」と「できない営業」の行動パターンを対比させながら、わかりやすく説明しましょう。

◎「できる営業」と「できない営業」の違いはどこに？

よく「できる営業」と「できない営業」という言い方をします。

結果を出しているかどうかが一つの目安であることは当然ですが、それ以外の違い、特にどういう行動パターンの違いがあるかは漠然としていてはっきりしません。

そこで、その違いを具体的にプロセスで示してみることにします。**33ページの図を見てください。これは「できる営業」と「できない営業」の営業プロセスの違いをデ**

ータで示したものです。

上が結果を出し続けている「できる営業」（Aさん）で、下は自分なりにがんばってはいるが成績が伸び悩んでいる「できない営業」（Bさん）です。

横軸に成果を出すために必要な「営業活動のプロセス」を左から右に時系列順に並べ、縦軸に「各プロセスにかけた時間」を棒グラフで表示しています。

2人を比べてみると、「アポ取り」～「商品説明」のところはあまり差がないのがわかるかと思います。しかし、違いはここからです。

できるAさんは、「ヒアリング」（顧客の課題やニーズの確認）、「提案」（提案やプレゼンテーション）、「クロージング」（契約に向けた価格、納期等の条件交渉）に時間をかけているようです。

一方のできないBさんはどうでしょうか。「資料作成」（提案資料などの作成）や「アフターサービス」（クレーム対応なども含む）に時間をかけすぎていることがわかります。

資料作成やアフターサービスも必要なプロセスには違いないのですが、Bさんはそこに時間をかけすぎて、本来、営業成績を上げるために力を入れるべきであるヒアリ

■「できる営業」と「できない営業」のプロセスの違い

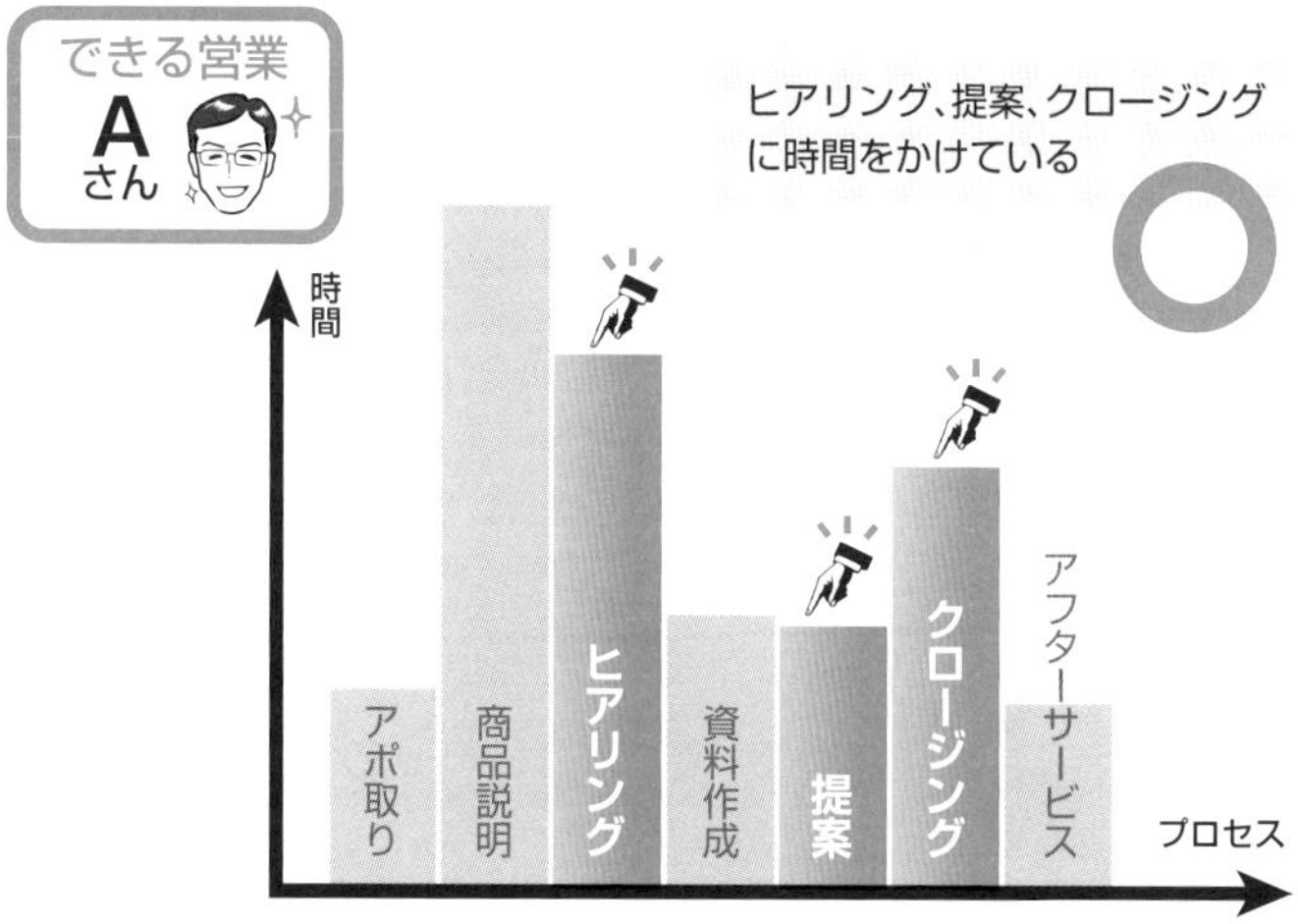

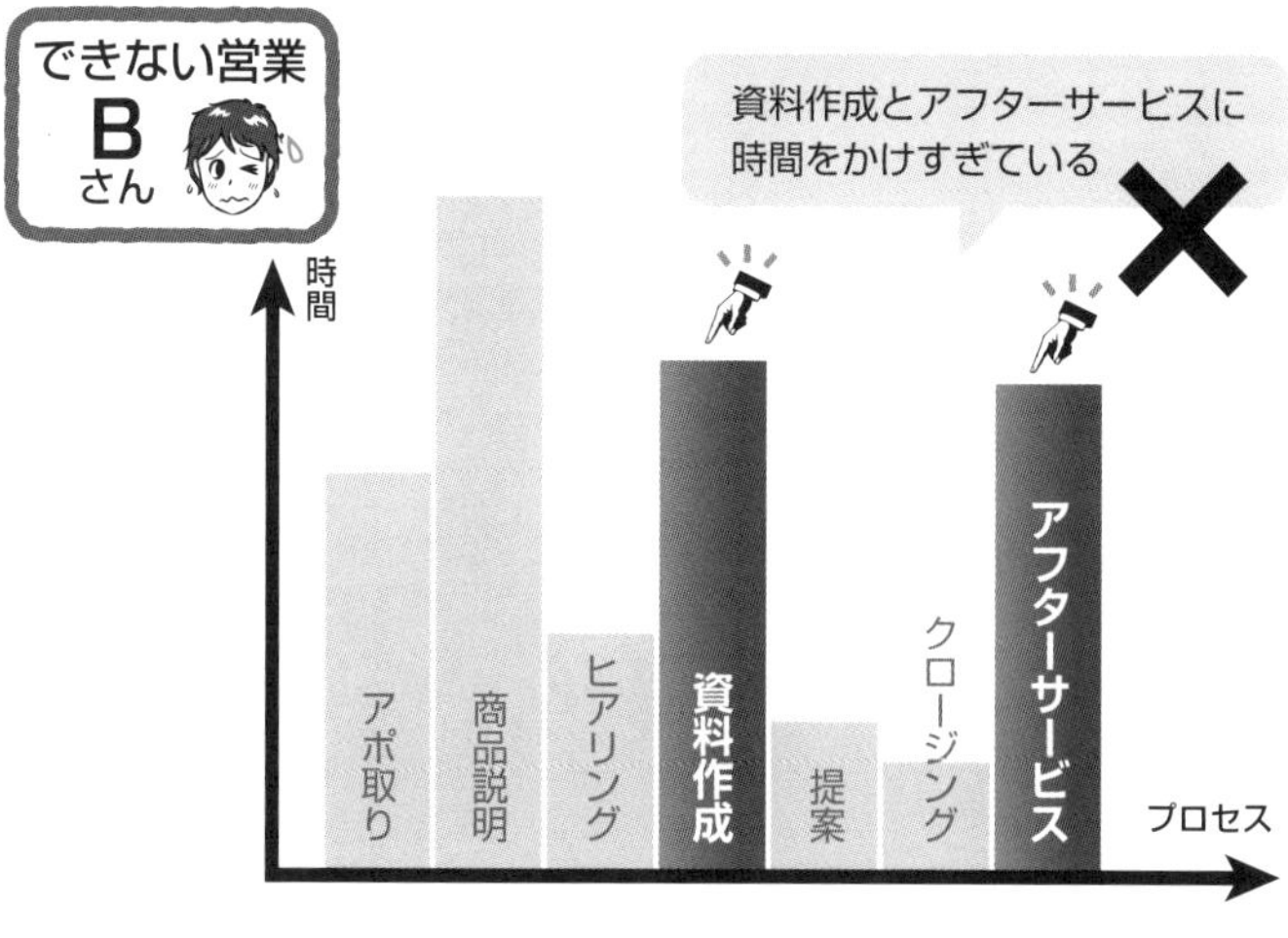

ングや提案、クロージングという、もっと重要なプロセスが手薄になっているわけです。

いかがでしょうか？　文章だけでなく、データで見える化すると、「できる営業」と「できない営業」の差が一目瞭然となるのではないでしょうか。

この成功特性の続きは、改めて第5章で3つの項に分けて詳しく解説します。

ここで本書における「できる営業」と「できない営業」の意味を明確にしておきます。

こういう分け方をすると、もしかすると不愉快に感じる読者がいるかもしれません。

しかし、その意図は、紹介する成功特性をメリハリをつけ際立たせるために、「できる営業」と「できない営業」という形で、わかりやすく対比させることです。

ちなみに、本書で想定する「できる営業」と「できない営業」を、次のように定義しておきます。

●「できる営業」とは

自分なりの成功法則を見出して、結果を継続的に出し続けている営業です。目標とする上司や先輩を持ち、日々試行錯誤を繰り返すなど努力を続けています。

しかし、自社ではトップであっても、世間にはもっとすごい人がいるものです。今の地位に満足せず、さらなるレベルアップを目指して科学的な努力を続けていくことが求められます。

●「できない営業」とは

自分なりにがんばってはいるものの、なかなか思うように結果の出ない発展途上の営業、あるいは、営業を体系立てて教えられたことがないので、自己流で良かれと思ってやっている営業です。

聞きかじった精神論や手っ取り早いテクニックを試してみますが、それだけではうまくいかない「迷える営業」とも言えます。

◎複数のトップセールスが口にした「できる営業」の見分け方

私が違う業種・業界の共通性に気づいた印象的なできごとを紹介します。まだ成功特性を紹介する前なので、ここだけ読んでも自分の仕事との共通点を見つけるのは難しいかもしれません。

まずは、一見参考になりそうもない他業界であっても、本質的な部分では相通じる共通点があることを知ってもらえればと思います。

扱う商品がぜんぜん違う2つの会社で、「できる営業」のやり方についてヒアリングしていたときに、まったく同じ言葉を聞いて驚いたことがあります。

ある精密機器メーカーY社の社長さんに話を聞いていたときのことです。トップセールスとしての経歴をお持ちだったので、できる営業の見分け方を尋ねたところ、「一言でいえば、**座席表を取ってこれるかどうかだね**」というコメントが返ってきました。

それを聞き私はハッとしました。以前まったく同じセリフを、別の会社のトップセールスから聞いたことを思い出したのです。そちらはパソコン周辺機器メーカーM社でした。

どうして違う会社のトップセールスが、同じ言葉を口にしたのでしょうか？

実はこの2つの会社には共通点があったのです。それは携帯電話を販売する大手通信会社に、部品を納入していたことです。

携帯電話（スマホも同じです）は、狭いスペースにとても小さな精密部品を配置するため構造が複雑です。通信会社と部品メーカーが共同で開発していく「共同開発型」という営業スタイルをとります。関連部署との様々な連携が必要になるため、打合せを頻繁に行います。

本来は通信会社の担当者がその調整を行うのですが、超多忙で手が回りません。しかし、担当者まかせにしていると、調整打合せの設定に手間取り、すぐスケジュールが遅れてしまいます。

そこでどうするかというと、**「できる営業」は担当者の代わりに、納入先の関係部署の説明に回り、社内の橋渡し役の代行を行うのです。**

その時にいちいち部署名や担当者名、連絡先等を聞いたり教えたりするのはお互い面倒なので、その手間を省くため「座席表」や「組織図」を手に入れた方が早いのです。社内の大切な情報ですから、「座席表」は誰にでも渡せるものではありません。が、「できる営業」は信頼されています。だからこそ、担当者の代理＝顧客の社内橋渡し役という重要な役割をまかされるのです。

こういった事情を背景に、「できる営業」が行っている影の努力が、「座席表を取ってこれる」という言葉になって表れたわけです（この話は「35 座席表を取ってこれますか？」

で詳しく解説します）。

◎薬と旅行の営業プロセスが同じ？

「薬と旅行の営業プロセスが同じ」と言っても、ピンとくる人はほとんどいないはずです。答えを教える前に、基本的なことを説明しておきましょう。

製薬会社が製造した医薬情報を提供する医薬営業のことを「ＭＲ」と言います（本書の中で何度か登場しますが、文脈によりＭＲ、製薬会社の営業、医薬営業、薬の営業などを使い分けます）。

一方の旅行会社の営業は一般的には旅行商品を売ることですが、この場合は違う営業のやり方が関係してきます。詳しい説明はまたのちほど。

普通に考えると、医薬営業と旅行営業に共通点があるとは思えません。ＭＲはドクターに医薬情報を提供するのが主な役割ですし、旅行商品はパッケージ旅行や修学旅行、社員旅行などの団体旅行です。

製薬会社は数多く存在しますが、実はテレビコマーシャルでやっている市販薬はあまり儲かっていません。主な収入源は医者の処方箋を必要とする病院向けの医薬です。主力とする薬は会社ごとに異なり、ガン、糖尿病、高血圧などそれぞれ強みがあります。その中で大手の一角を占めるE社の話です。その会社は世界初の認知症薬の開発に成功しましたが、開発当時は認知症薬の市場は存在していませんでした。なぜならば当時は、認知症は病気とは見なされていなかったのです。年齢による単なる「ぼけ」であり、医者ですら病気とは考えていませんでした。

つまり、薬はできあがっても、それを処方する医者も患者もいないということです。このような状況で、薬を売ろうとしても売れるわけがありません。

では、患者がいない＝市場が存在しない認知症薬をどうやって売ったのか？

その答えは、患者や患者を見守る家族などの気持ちに立った当事者視点で、コミュニティの関係者同士を結びつける**「地域連携活動」**にありました。

ここで地域連携活動というキーワードが出てきました。まだ旅行営業の話が終わっていないので、答えを出すのが早すぎるかもしれませんが、**医薬営業と旅行営業のプ**

ロセスが同じというのは、実は地域連携活動のことだったのです。

では、旅行営業における地域連携活動とは何でしょうか？

旅行会社というとパッケージツアーをイメージしますが、旅行ニーズの変化、ネットの普及等により従来の旅行モデルの変革を迫られています。新型コロナが発生する以前から、団体旅行や修学旅行などの旅行需要だけでは、事業の縮小は避けられない状況だったのです。

こういった変化に対応するため、旅行会社の中には、単純な旅行事業だけでなく、新規事業として「地方創生」への取組みを積極的に進めているところもありました。ここでようやく核心に近づきます。

この地方創生への取組みが、医薬営業の地域連携活動と本質的には同じなのです。

大手旅行会社J社のキーマンYさんと話をしていた時にこの共通点に気づき、医薬営業の地域連携活動のプロセスを見せたところ、その会社の「地方創生のプロセスとまったく同じです」と驚いていました。

ところで、旅行会社が地域ブランディングや観光資源開発のために、地域活性化・

地域振興におけるコンサルティングやプロデュース業務を行っていること、その結果として交流人口や関係人口を増やし地域に貢献していることは、まだ一般的にはあまり知られていません。

いや一般的どころか社内ですら、なぜ地域創生事業への取組みが儲けにつながるのか理解されていませんでした。誤解や懐疑的な意見も少なくなく、全社的に正しく認知されてもいなかったのです。

ところが、新型コロナの影響で旅行業界の売上が激減したところで、風向きが変わりました。一番ひどい時期は8～9割減と壊滅的でしたが、その中で業績を支えたのは、この地方創生でつちかったB2G事業（行政からの受託事業）だったのです。

本格的な取組みから約10年以上かけて、コツコツと実績を上げてきた地方創生への取組みが、コロナ禍でようやく日の目を見たわけです。

新規事業を着実に育てていたおかげで、会社の窮地を救うことができたというこの裏話には、深い示唆も含まれています（地域連携活動については、「38 地域ネットワークの波及効果を知っていますか？」で理論的に解説します）。

ここまでの第1章では、私が業種・業界を超えた成功特性＝営業の正解に気づいたストーリー、そして、その分析手法の概要とわかりやすい例などを紹介しました。

続く第2～5章では、1000人のトップセールスをデータ分析してわかった営業の正解48を、プロセス視点のタグでグルーピングしながら紹介します。

豊富な事例や分析例も盛り込んでいます。例えば、IT業界、自動車販売、保険営業、医薬営業、旅行営業、行政営業（地方創生含む）、飲料小売り、人材派遣、事務機器販売（コピー／複合機）、機械・部品販売（精密機器、PC周辺機器他）、大手メディア、建築・住宅販売、情報通信系、食品チェーン、総合物流などです。


正解の前に各項目の冒頭で、よくある営業の悩みを質問の形で投げかけています。それに対し、「できる営業」と「できない営業」の特徴やよくあるパターンを、対比させながら示しています。正解を導き出す考え方や事例は本文で詳しく解説し、営業の正解は、最後に1～2行でまとめました。

自分の営業にどう応用すればよいか、アナロジー（類推力）を使いながらヒントを探してみてください。自分の経験や疑問と照らし合わせながら、正解を自分なりの見方で考えてみてください。それでは、営業の正解を探す旅の始まりです。

第2章

《営業の正解・初級編》

これから「できる営業」を目指す人へ

■挨拶や名刺の渡し方など、基本マナーはすでに卒業した人に向けて書きました。自己啓発書や雑誌の営業特集なども読み、情報収集にも熱心で、ありきたりな営業スキルでは満足できない、成長意欲が高い人におすすめです。

信頼される
ビジネスマナー ①

スピーディに対応できていますか？

できない営業は ▼ いつも返事が遅い

できる営業は ▼ 基本は即答

スピードの大切さについてはよく指摘されるところですが、「じゃあ、どれくらい早く行動すればよいのか」という具体的なスピードについて、定義してルール化している人は少ないようです。

しかし、「スピードが重要」というのであれば、具体的にルール化しておかなければなりません。そうでないと、人によりバラつきが生じます。本人は自分の感覚でスピーディに動いているつもりでも、相手からすれば遅いと見られることも起こります。

実は「できる営業」は、「スピード対応のルール」を自ら設定して実践しています。

例えば、メールであれば、次のような3つのパターンに分けて対応します。

①メールを見たら、いったん置かずにその場ですぐ返信 ※見直す時間が無駄
②外出時などですぐ返信できない場合は、その日中、遅くとも24時間以内に返信
③内容的にすぐ返信することが難しい場合は、まず短い受取確認メールを入れて、いつまでに返信すればよいか確認した上で、その期限までに約束通り返信

一方、「できない営業」は、いつも返信が遅いです。急ぎの用件であろうがなかろうが、誰からのメールに対しても常に一定のリズムで返信が遅いのです。

今のビジネスの感覚でいうと、2日間返信がないと「まだかな、遅いな」という印象を持たれてしまうのですが、だいたい3日後くらい、ひどい場合は1週間経っても何の音沙汰もないということもあります。重要度や緊急度はあまり考えずに、自分のペースで、あるいは、メールが来た順番で返信しているようです。

メールと似ていますが、質問や見積への対応にも、4つのルールがあります。

①言われたらすぐその場で回答
②その日中（夕方まで）に回答
③1日（24時間）以内に回答
④時間のかかるものは、スケジュールを具体的に示して、約束通りに回答。
ただし、期日ギリギリに取り掛かるのではなく、着手は3日以内

金額が比較的少額で本格的な提案や値段交渉が要らないビジネスでは、とにかくスピードが大事です。商品に関する質問が出たり、見積を依頼されたりしたら、基本的にはすぐその場で答えを返すくらいのスピード感が求められます。

内容や事情によりすぐ返せない場合は、いつ頃になるかを伝えその約束を必ず守るのが鉄則です。口では調子よく「すぐやります」と言いながら、放ったらかしにするのは最悪です。約束を守らない営業は嫌われ信頼を失います。

ぐずぐずして放っておくと、気の短いお客様はすぐ別な競合で決めてしまいます。

さらに「あの営業に頼んでも遅い、使えない……」という印象を与えると、信頼を失い次から話が来なくなってしまいます。

わかっていてやりたくても、できずに悩んでいる営業もいるでしょう。スピーディに対応できないものも確かにあります。その場合は、繰り返しになりますが、いつまでかかるかちゃんと説明して、具体的な期限を示し、約束を守ればよいのです。

ところが、こういったところでも「できる営業」と「できない営業」のちょっとの差が出てくるものです。「できる営業」は小さな約束をきちんと守ることで、関係構築に必要な〝信頼ポイント〟を着実に稼いでいきます。

営業の正解 1 スピードを定義し、ルール化する

信頼される
ビジネスマナー ②

事前準備に抜かりはないですか？

できない営業は ▼ 訪問前に慌てて準備

できる営業は ▼ 余裕をもって準備

営業の仕事は、訪問前の事前準備から始まっています。

営業は想定通りには進みませんが、事前準備をしっかりしていると、不思議と想定外のことはあまり起こりません。ところが、油断して事前準備を怠ると、思わぬしっぺ返しにあったりします。

事前準備といっても分類して整理すると、準備に抜けがなくなります。例えば、初回訪問、継続訪問（再訪問）、クレーム対応の3つに分けて考えるとわかりやすくなります。「課題解決型」「エリア型」「ルート型」あたりの営業スタイルをイメージした、事前準備のポイントをサンプルとしてまとめました。

●初回訪問

・アポがとれたら前日までに初回訪問資料（セットA・B・C）を準備しておく。訪問当日出発前に慌てて印刷したりせず、事前に余裕をもって準備。
・客側の出席者が部長以上の場合、決裁者や旗振り役との関係構築につなげるために、必ず上司同行をルールとする。
・次につなげられるように、相手の興味をひくうまい概要説明とヒアリングで、質問、要望、課題を聞き出し、それに対応する形で自然に次回訪問のタイミングを打診。できればその場で、次回のアポ調整を行う。

●継続訪問

【目的をもった訪問】
・顧客を訪問する前に何のために行くのか、1回ごとに目的／テーマ／

提供する情報を明確にしておく。

・訪問の基本的な目的は、顧客のニーズや課題のヒアリングとその解決支援。

前回約束したことへの対応は絶対忘れてはいけない。

(例) 質問、要望、宿題に対する回答準備。課題解決提案など。

・着実な宿題対応が顧客との関係構築の基本であり近道。

そこから新たなビジネスが広がり生まれる場合も多い。

・手間のかかる宿題の場合は、次回訪問日から逆算して計画的に準備すること。

●クレーム対応

・まず「クレームを未然に防ぐ仕組みづくり」で、クレーム発生を未然に防ぎ、クレームそのものの数を減らす。

クレーム対応は本来の営業時間を減らしてしまう。

・その上で、クレームが発生した時の対応を、組織としてルール化しておく。

（例1）社内のクレーム対応ルールに従い、クレームレベルに合わせて、しかるべきタイミングで、しかるべき対応者が誠意をもって対応。

（例2）クレーム対応マニュアルに従い、事前準備を抜かりなく行う。

（例3）原因や対処策はしっかり社内で共有する。まず朝礼で共有。同じことを繰り返さないようにクレーム対応マニュアルに反映。必要に応じて社内点検などのルールも見直す。

営業の正解 2

初回訪問・継続訪問・クレーム対応ごとに事前準備をパターン化しておく

メモを取っていますか？

できない営業は ▶ 自分の記憶に頼る

できる営業は ▶ メモを戦術的に活用する

「できる営業」は程度の差はあっても、少なくともポイントは必ずメモします。ポイントというのは、要望、質問などの宿題、価格や納期に関することなどです。

特にお客様が熱心にしゃべっていることは、話の筋からズレているように感じることがあっても、大事なポイントであることが多いです。

カリスマ経営者のSさんは「そんなにメモるのか？」と感じるくらいに熱心に手書きメモを取っていました。それも紙を無駄にしないように、コピーの裏紙を使ってです。顧客との会話中、自分が話している時以外は、ずっとメモを取っているくらいのイメージです。

気になって聞いてみると、こんな答えが返ってきました。「メモを熱心に取っているると、自分の話を真剣に聞いてくれていると、相手は感じるものなんだ」。裏紙を使っているのも、堅実経営を行っていることのアピールだということでした。意図的に〝メモ魔〟を演じていたというわけです。

さらに突っ込んで聞いてみると、必ずしもお客様の言っていることを、そのまますべてメモっているわけではないとのことでした。お客様のコメントに対する疑問や、連想して思いついた提案やヒラメキなどもメモしているそうです。

この話から学んだのは、仮にポーズであっても、メモを取っているだけで信頼されやすくなるというちょっとズルい基本動作です。

さらに、話の最後でメモを見直しながら、やるべきことをお互いに確認できて安心できるというメリットもあります。

もし漏れがあれば、相手も指摘できますし、追加で質問が出たりもします。その場で確認しているので、あとで話が違うということも起こりません。

「相手は自分の言うことを聞いてほしい」「自分が一方的にしゃべるのではなく、聞き役に回るように」「聞くのが7〜8割。聞かれたことに対する説明や回答が2〜3割」などとよく言われます。

とはいっても、営業は基本的にはコミュニケーション力がある＝しゃべるのが得意な人が多いので、頭ではわかっていても実際はしゃべる時間の方が長くなりがちです。言うは易し行うは難しです。

ところが、**メモを取っていると話に耳を傾ける姿勢になり、自然と聞く時間が長くなります**。相手の言うことも整理できます。理解が深まりポイントもズレません。こちらが確認したい点も漏れがなくなります。

このように良いことづくめですが、「できない営業」はほとんどメモを取りません。心配になって「メモは取らなくても大丈夫ですか？」と聞いても、微笑みながら「大丈夫です」というだけでメモを取ろうとしません。

自分の記憶力によほど自信があるのでしょうか。しかし、忙しい営業はやらなければならないことが山積みなので、仮にその場では覚えていたとしても、その後には別な仕事も控えているわけです。特別な記憶力がないかぎり、すべてを頭で覚えておこうとするのには無理があります。

メモを取らない人は、言ったことや約束したことを守らない確率が高く、ポイントがズレることも多いです。人間は忘却曲線に従ってものを忘れてしまう動物です。

逆にあまりおすすめできないのはPCでのメモです。PCを打ちながら聞いていると、別な仕事をしているのではないかと疑われることがあるからです。

IT業界などでは、打合せ後にすぐ議事録にできるので一般的で効率的ですが、話している内容を本当にタイプメモしていても、手書きと同じように信頼されるという効果は期待できません。もし、PCでメモを取る場合は、一言断って許可を得てからの方がよいと思います。

営業の正解 ③

メモを熱心に取るのは、相手の話を真剣に聞いている証

顧客の質問にちゃんと答えられていますか？

できない営業は ▶ ズレた説明を繰り返す

できる営業は ▶ パズルを埋めてあげる

営業に質問をした時に、答えが要領を得ずイライラしたことはありませんか？ 大筋は理解できるのですが、何点かわかりにくい点があるため質問した時などです。

「できない営業」は、質問にピンポイントで答えず、また同じ説明を最初から始めてしまいます。言葉は多少変えたり、周辺情報を加えたりはするのですが、結局似たような内容の話を繰り返します。

質問のポイントと回答がズレたままで平行線をたどり、時間の無駄になります。

一方、「できる営業」は、聞かれた質問にズバリ簡潔に答えます。考えを整理し正しく理解するために、お客様は何か所かわからないポイントを埋めたいのです。ジグソーパズルの欠けているピースを探しているだけなのです。

質問に対する営業の正しい対応は、**わからないところのパズルを埋めてあげること。**

ただし、趣味で取り組むジグソーパズルであれば、自分で時間をかけるのも楽しみの一つかもしれませんが、スピードを問われるビジネスでは、お客様自身で答えを探してもらうようではいけません。欲しいピースをサッと差し出すように、相手が聞きたいことにピンポイントで答えることが求められます。

質問しても期待した通りの答えが返ってこないと、お客様は段々興味を失います。「答えられない営業」への信頼も失われます。

「2 事前準備に抜かりはないですか？」（48ページ参照）で例として書いた質問への回答も、その場か後日かという違いはありますが、お客様の質問に答えられるか答えられないかという意味では同じです。

信頼されるかどうかは、ちょっとしたことの積み重ねの差です。「答えられる営業」は質問対応で着実に〝信頼ポイント〟を稼ぎ、「答えられない営業」は知らないうちに〝マイナスポイント〟が引かれています。

では、なぜ「答えられない営業」はズレた説明を繰り返すのでしょうか。簡単にいうと、聞かれた本人がよくわかっていないからです。顧客視点で深く考えたことがないため、突っ込んだ質問をされると自分でも答えられないのです。でも、そうだとは正直に言えないので、何とかごまかすためにあやふやな説明ですませようとします。自覚があればまだよいのですが、わかっていないことに気づいていない人もいます。

回答の引き出しがないために同じようなことを言うしかない人もいます。普段からの備えができていないということです。質問はだいたい決まっているので、あらかじめ想定問答を勉強して答えを用意しておくべきなのです。

視点を変えて、「答えられない営業」の立場からも考えてみましょう。お客様の理解が不十分なため、質問自体のポイントがズレていたり、わかりにくい場合も確かにあります。

もし質問のポイントがわからない場合は、安易に答える前に必ず、質問の意図を確認しましょう。そうするとお客様も「自分の質問の仕方がわかりにくかったかもしれない」といったん冷静になるので、丁寧に質問を繰り返してくれます。

即答でズバリ正解というのがスマートですが、必ずしも完璧な回答を求めるお客様ばかりではありません。「質問の意図や真意を確認する」という逆質問をはさむだけで、誠意を見せることができます。

意図や真意が理解できると、ズバリではなくても、それなりの回答を伝えられる場合もあります。宿題として次回に持ち越したとしても、約束を守ってしっかり回答すれば、マイナスがプラスに転じることも十分にありえるのです。

営業の正解 4

聞かれたことは、ポイントを外さずズバリ答える

口だけでなく、約束をちゃんと守っていますか？

できない営業は▼約束を軽く考える

できる営業は▼小さな約束を必ず守る

「すぐやります」と口では調子のいいことを言うくせに、軽く考えて約束したことを守らない営業が最も嫌われます。

最悪の逆効果営業です。ミスがあっても相手も人間なので、多少は我慢してくれます。しかし、ビジネスにかぎりませんが、約束を何度も破る人間は信頼されません。信頼されなければ、契約してくれるはずがありません。

わざと約束を守らないという営業はあまりいないと思います。約束を守らない原因を探ると、「忘れている」「約束した意識が希薄」「面倒くさい」の3つが浮かび上がってきました。

「できる営業」が、小さな約束を守るために行っていることを紹介します。

●「忘れている」――

メモを取ることが最低限の基本です。そして、簡単なことなら忘れないうちに即対応。手間がかかる内容であれば、まず、スケジュール化です。約束を守るためにやるべきことを明確化し、対応時間を確保するために、期限から逆算して、スケジュール化します（詳しくは「25 提案で失敗しないための準備を行っていますか？」を参照）。

●「約束したという意識が薄い」――

お客様は約束したと思っていても、営業の側は軽く考えてしまっている、つまり、約束したという意識が薄い、というズレが生じているケースもあります。

これを防ぐのは、打合せの最後にメモで確認しながら、営業がやるべきこと＝約束したことをお互いに確認するという基本マナーです。これが徹底できれば、約束した／していないといったズレは発生しません。

●「面倒くさい」――

質問回答、社内相談など要望への対応、課題解決提案等々、すべてを自分一人でやろうとすると確かに面倒くさいです。しかし、チームや関連部署などに協力してもらって、組織で対応すれば営業自身の負荷が減って楽になります。

一人で抱え込み、手をつけずに放っておいて期限に間に合わない、という事態は避けなければなりません。特に、抱え込みは「人に振れない営業」によくあるパターンなので要注意です。

そうならないために、一番手っ取り早いのは、社内の詳しい人に相談し協力してもらうことです。会社にＦＡＱ集が整備されているのであれば、普段から熟読し、回答パターンを頭に入れておくのが基本です。

課題解決提案だと少し面倒かもしれません。その場合も、イチから提案を作り始めるのではなく、まず類似提案がないかを確認することです。類似提案がある場合は、それを活用すれば効率化が図れます。

「できる営業」は時間を節約するため、可能な限り自分でパワポなどの資料は作らないように心がけています。類似の提案書があれば、言葉はあまりよくないかもしれませんが、すぐパクろうとします。

さらに、社内外にテーマや課題ごとの相談者（ブレイン）を持つように普段から努めています。

少し上級編も紹介しましょう。課題相談を受けるたびにいちいち探すのが面倒くさいので、課題をパターン化し、その解決提案として自社の商品やサービスに自然につなげる提案フォルダを構築しておく、という方法です。

「できる営業」は、こういう仕組みづくりには、逆に手間をかけているのです。

営業の正解 5
約束を守るために、逆算してスケジュール化する

当たり前のことができていますか？

できない営業は ▼ **頭ではわかっている**

できる営業は ▼ **難しさが身にしみている**

第1章でも書きましたが、1000人以上の「できる営業」にヒアリングをしてきた中で、最も多い答えは「当たり前のことを、当たり前にやっているだけ」という平凡なコメントでした。

ところが、当たり前のことが頭でわかっていても、本当にできているかどうかとなると、別の話です。

当たり前のことを実践することの難しさを示す例として、自動車販売の話を紹介します。

誰もが知る自動車販売店の統括責任者が、業績が良い店舗と悪い店舗の行動パターンの違いを調べるために、首都圏30店舗で現場の社員が実際に業務に使った時間を測った時の話です。67ページの図をご覧ください。

わかりやすいように、その中で一番業績の良い店舗のデータを上に、一番業績の悪い店舗のデータを下に示しています。

縦軸は、業績を伸ばすために本部から指導している「やるべき業務の優先度」、横軸は「社員が実際に各業務に使った時間」です。やるべき業務が「当たり前のこと」です。

これを見ると、さすがに両店舗とも店に足を運んでくれたお客様への対応はきちんとしていているため、「来客対応」は同じように右上の一番上の位置にあります。

違いとしては、業績の良い店舗では来店してもらうために必要な新聞広告やチラシ配布などの「集客作業」や、来店してくれた見込み客に対する訪問や電話などの「フォロー」が右上にあり、やるべき業務をきちんと行っているのがわかります。

その結果、自ら積極的に集客・開拓した「集客商談」も多くなっています。

しかし、業績の悪い店舗は、「集客作業」と「フォロー」が左上にあり、いずれも十分には時間が費やされていません。その反面、「勉強会」や「清掃」など、それほど力を入れなくてもいい業務の時間が比較的多くなっています。

全体的に見ると、業績の良い店舗は右上がりの理想的な直線に沿って活動が分布しているのに対し、業績が悪い店舗では分散してしまっているのがわかります。

簡単に言うと、業績の悪い店舗では指示されたこと＝当たり前のことがきちんとできていないのです。

しかし、やるべき業務の優先順位を口頭で尋ねると、業績の悪い店舗の社員でも、指導されている通りにやるべき順位で正しく答えることができます。

ここで「頭ではわかっていても、実際できているかどうかは別である」という問題が浮き彫りになります。

気をつけなければならないのは、データを示さずに成績が悪いことだけを追及してしまうことです。

■「業績の良い店舗」と「悪い店舗」の行動の違い

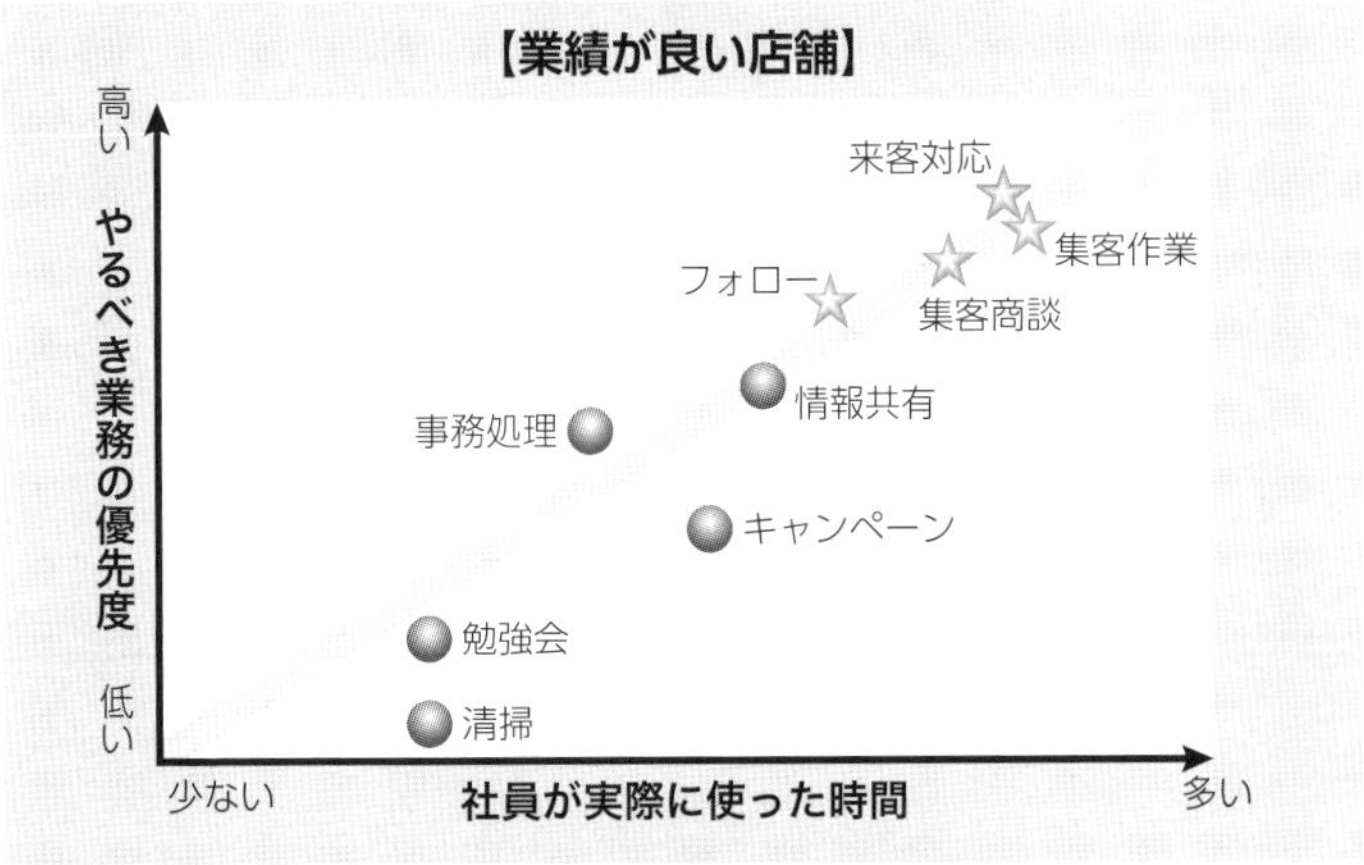

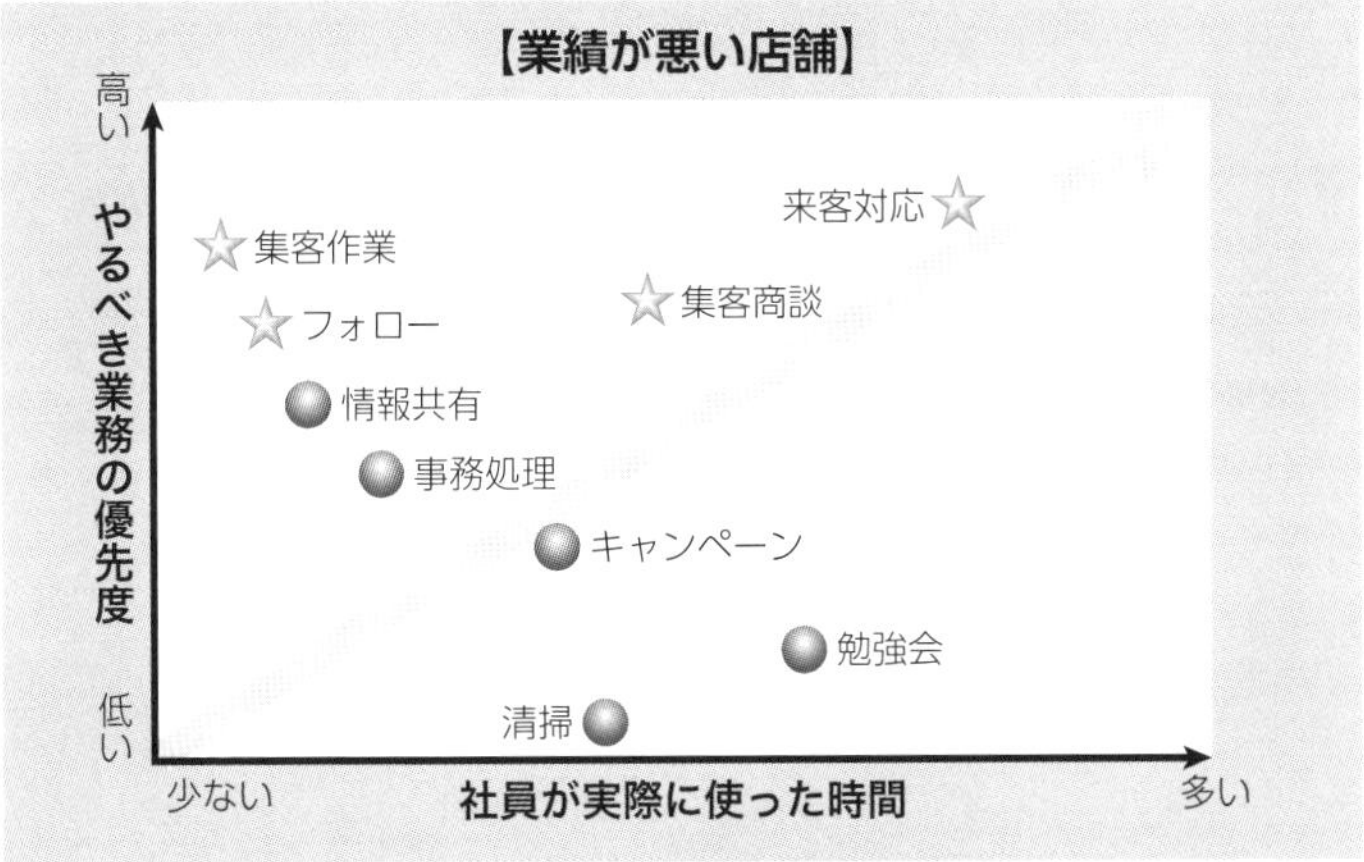

☆ = 優先度が高い業務　● = 優先度が高くない業務

本人たちもそれなりにやったつもりにはなっているので、「やるべきことはやっています。疑うのはやめてください」というような感情論になりがちです。

しかし、図のようなデータを使えば、具体的に何ができていて、何ができていないのか一目瞭然です。

余計な感情論を排して、どの業務ができていないかが明確になるので、社員が自らの行動を素直に改善していくことができるようになります。

営業の正解 ❻

「やるべきこと」ができているかデータで確認する

信頼されるビジネスマナー 7

古い教訓は役に立たないと思っていませんか？

できない営業は ▼ よくある教えをバカにする

できる営業は ▼ 先達の経験から学ぶ

「基本的なことも愚直にやり切る」ということはずっと言われていて、精神論・根性論のように感じるかもしれません。

営業を理論的に説明するというこの本のテーマとは逆説的になりますが、昔から言われ続けている営業格言の中にも、経験的に正しいことが立証されていることもあります。足で稼げ、玉（案件数）を増やせなどです。

「できる営業」のやり方を理論立てて説明するというと、泥臭いことはやらないのではないかと勘違いするかもしれませんが、必ずしもそうではありません。**言い古された教訓の中にも、先達の経験で立証された真理が含まれています。**

ＩＴ環境がなかったので適当なデータは残っていませんが、営業の成功要因がシンプルな言葉で示されています。この原理原則を忘れてはいけません。**今の時代では通用しそうもないアナログなことであっても、はなからバカにせず愚直にやり切ることも大切なのです。**

ただこうした昔から言われている営業格言は、最後の１フレーズだけで途中の説明が飛んでいます。具体的にどうやってそれを行うかの説明がないのも不親切です。

そこで、先達に成り代わり、関連する成功特性の項目の中で、理論的に説明します。

●昔から言われている営業格言

足で稼げ

「42〝本当の営業〟に時間を使えていますか？」

「43 行くべき顧客のところを訪問できていますか？」

接点を増やせ

「14 仕事に関係なさそうなことを相談されたら？」

「30 本当に関係構築できていますか？⑴」

「32 顧客の本音の課題を教えてもらえますか？」

宿題をもらってこい 「2 事前準備に抜かりはないですか？」
「14 仕事に関係なさそうなことを相談されたら？」
案件数を増やせ 「15 顧客に信頼されていると自信を持って言えますか？」
「16 業績アップの方程式をご存じですか？」
「17 質と量、どちらが大切ですか？」

ここではある大手生保S社のベテランHさんの話をします。

彼女は3年以内に80％がやめてしまうと言われる厳しい生保営業で40年以上勤めあげ、60代後半になった今もかつての上司から請われて関連会社で働いているという、立派な実績があります。

ところが、彼女は決して「できる営業」というタイプではありません。口下手でスピード感はないし、聞いたことに対して必ずしもちゃんと答えられません。この本で紹介する「できる営業」の条件には当てはまらないのです。

ただ、ダメなところは自覚していて、何を言われても逃げずに対応する打たれ強さはあるという印象です。不思議に思い、何が強みなのか聞いてみました。返ってきたのは、理論的な答えではありません。昔から聞いたことのある泥臭いやり方でした。彼女の強みは、それを疑うことなく愚直にやり続けることができるという能力だと感じました。

かつてはオフィスの中にアポが無くても簡単に入れていましたが、セキュリティが厳しくなった今は、同じようにはできません。

特にコロナ禍でどうしているのか尋ねたところ、「昼食時間や終業時間など、会社のビルの外で立っています。社員出入口の前で待って声がけしています」というアナログな答えです。

ほとんどの人には相手にされないそうですが、何人かは必ず話を聞いてくれるそうです。そこで簡単な話をして連絡先を聞き出し……あとは従来のやり方です。

最近の若い人はネットで保険に入るのかと思っていましたが、実態はまだまだこういった昭和的な戦法も通用しているということです。

他にないかも聞いてみました。「とにかく、接点を絶やさず、できるだけ顔を出すようにしていましたね」、これはしっかりと確信に満ちた答えでした。そして、あるエピソードを教えてくれました。

以前まったく脈のないお客がいたそうです。大手企業の場合、新入社員が訳のわからないうちに契約をしてしまうのが一般的でした。ただその人はドライな考えで、「若い自分にまだ保険は必要ない。結婚でもして必要になったら考えるよ」とまったく相手にしてくれません。脈なしと見た競合の営業もだんだん去っていきます。

それでも彼女だけは訪問を続け、あめ玉やガムをプレゼントしながら、コンタクトは絶やしませんでした。そのうち彼は地方に転勤して直接会うことはなくなりましたが、暑中見舞い、年賀状、カレンダー送付などは欠かしませんでした。

ある時向こうから連絡がありました。「自分も30歳を過ぎたので、そろそろ保険に入るよ」。最初に会ってから10年近く経っていました。彼女自身もあまり期待していなかったので、当時のことを思い出しながら、本当に嬉しかったと語っていたのが印象的でした。

営業格言の効果を示す実話を紹介しました。

理論的な成功特性だけを期待する読者には拍子抜けかもしれません。昔から言われている営業格言や古臭い昭和的なやり方も、愚直に継続的にやり切ると、昭和～平成～令和と時代は変わっても、結果がついてくるという証明です。

科学的な営業と言っても世の中の99％は仮説です。データで証明されていないからといって、営業の世界で長く伝わる鉄則は決してあなどれないという教訓です。

営業の正解 7

営業格言の真意を理解して、愚直にやり切る

一歩踏み込んだ工夫 8

言葉の使い方に気を遣っていますか？

できない営業は ▼ 自分の会社の言葉でしゃべる

できる営業は ▼ 言葉で結果が変わる怖さを知っている

自分本位の「できない営業」は、相手のことを考えずに、自分の会社の独自の言葉でしゃべります。業界や自社固有の言葉や、社内だけでしか通じない言葉であっても、まったくお構いなしです。お客様がどこまで理解しているのかという視点に立てていません。

「この説明ではたして相手に伝わるのだろうか？」という、営業としての基本的な心遣いができていないのです。

顧客本位の「できる営業」は、言葉の選択や言い方に気をつけます。相手に伝わり

理解してもらえるかがすべてだからです。たった一つの言葉の使い方で、伝わる伝わらないが変わることを知っているので、意識して表現を工夫します。

特に難しそうな専門用語は、素人でもわかるような言葉に直し、説明の仕方に気を遣います。自社の製品やスペックなどに関する専門用語には、かみ砕いた別な表現や例え話を用意するなどして、説明に手間をかけることをいとわないのです。

情報があふれている世の中です。言葉一つで伝わるニュアンスが変わったり、誤った印象を与えてしまうことは珍しくありません。

同じセールストークを毎日繰り返していると、しゃべっている方は麻痺してきます。「この説明でわかってくれるはずだ」と思い込んでしまうのです。

ところが、営業における言葉は考えている以上に解釈が分かれやすいものです。繰り返しますが、**言葉一つで案件が取れるかどうかの結果が変わってくる怖さを、「できる営業」は理解しています。**

ソフトウェア会社S社のトップセールスYさんから聞いた話を紹介しましょう。

初回のプレゼンでは眠そうにしていた人が、2回目には別人のように身を乗り出し

「これがうちの業務プロセスそのものだ」と、ガラッと反応が変わることがよくあると言うのです。

違いといえば、初回プレゼンでは汎用性の高い一般的な「標準デモ版」を使用したのに対し、2回目では言葉だけを少し変えた「修正デモ版」を使用したことです。

この会社は営業支援システムのソフトウェアを販売している会社ですが、標準仕様を押しつけるのではなく、設定項目をユーザーごとの言葉や業務プロセスに合わせてカスタマイズできることが強みです。

その強みを営業トークではなく実際の画面で実感してもらうために、手間はかかりますが「修正デモ版」を作成して、お客様が自分たちの組織で使えることを確認してもらっていたのです。

タネを明かすと、「標準デモ版」と「修正デモ版」は言葉が数個ぐらい変わっているだけで、あとの設定はほとんど同じ。プロセス自体は変えていなかったそうです。例えば、「プレゼンテーション」を「提案・見積」に修正といった程度です。

これくらいであれば、「修正デモ版」を作らなくても、「標準デモ版」で想像力を働かせれば十分わかるのでは、と凡人は考えますが、現実はそうではないのです。見る側にとってはなじみのない画面であるために、1回目では頭に入ってこなかった内容が、自分たちが普段使っている言葉に変わっただけで見やすくなり、2回目は理解できるようになったということなのです。

ソフトウェアのプレゼンではなく、提案書を提出する場合に例えるならば、表紙と中身の言葉を少し変えただけ、といった方がわかりやすいかもしれません。

「自分の会社の言葉ではなく、相手の言葉に合わせる」という当たり前のことを忘れてしまっている、あるいは、もともと知らない営業が多いのも事実です。

本人は伝えたつもりになっていても相手はわかっていないというのは、常に結果を求められる営業にとっては悲劇でしかありません。**営業の神は言葉に宿るのです。**

営業の正解 8

自分の言葉ではなく、相手の言葉に合わせる

一歩踏み込んだ工夫 9

顧客からの要望に柔軟に応えられていますか？

できない営業は ルール通りですませようとする

できる営業は 何とかしてあげたいと考える

「申し訳ありませんが、そういう決まりですから……」。社内規定やルールを理由に、お客様の何とかならないかという要望を慇懃無礼に断る営業をよく見かけます。せめてダメもとでも、社内で相談する姿勢を見せるだけで、お客様は納得してくれることもあるのですが……。面倒くさいのかその手間すら端折ろうします。「決まり通りで何が悪い」「ルールを破ると自分が叱られる」。そういった営業の心の声が聞こえてきそうに感じる時もあります。

しかし、すべてルール通りですむのであれば、営業は要りません。ものごとはルール通りにはいかないものです。特にビジネスにおいては、ルールは一つの線引きにすぎません。状況にあわせて見方を変えれば、ルールの解釈も変わります。

白黒がハッキリしているところまで無理に対応する必要はありませんが、グレーなところについて「何とかしてほしい」という意図をくみ取って柔軟に対応できると「この営業はよくやってくれる」とポイントが上がります。

逆に融通のきかない「頭の固い営業」は、「この営業に頼んでも杓子定規でダメだな」と見切られてしまいます。柔軟で融通がきくことは、お客様が営業に求める要素の一つです。決して、ルール通りの役人のような営業になってはいけません。

ここが「できる営業」と「できない営業」の差が大きく出るところの一つです。

とはいっても、細かいところまでルールが決められているわけではないので、判断が難しい場面もあります。しかしそういう場合でも、「なぜルールがあるのか」という基本を理解していれば、柔軟に対応しやすくなります。

普段から意識して上司や先輩に「なぜこのルールが作られたのか？」聞いてみることです。ルールが作られた経緯や減らしたいという声があることを知れば、ルールを多少外れても大丈夫な範囲がわかります。柔軟に対応したケースについても聞いてみてください。前例があれば、心配なく柔軟に対応できます。

何も考えずに決まりだからと「思考停止している営業」は、こういった質問をすることにも頭が及ばないようです。


柔軟な対応を求められることが最も多いのは、やはり価格相談でしょう。

値引きについては、社内で基本ルールがあると思います。それとは別に「できる営業」はどのくらいなら、社内で値引きが可能かだいたいの線がわかっています。部署全体の予算が厳しい締めの時期など、タイミングも頭に入れています。

例えば、お客様から値引きを求められた時に、本当はその場でＯＫできるレベルであっても、わざと難しそうな顔をして「なかなか厳しいレベルですので、上と相談します」と言って、いったん持ち帰るふりをします。

そして、時間を少しおいてから、「苦労しましたが、何とか社内の了解が出ました」と報告をしてお客様を喜ばせます。

あまりほめられないテクニックかもしれませんが、柔軟な対応ができることを示すために、ひとり芝居を演じていたりします。

価格相談はクロージングの山場ですが、「柔軟に対応できる営業」にとっては腕の見せどころでもあります。


柔軟に対応できるようにルールのグレーゾーンを把握しておき、いざという時には社内を説得できるよう、社内決裁ルートの関係者ともよい関係を築いておく。

「できる営業」が当たり前のように使っている賢いテクニックの一つです。

営業の正解 9

要望には、社内ルールの機微を理解し、柔軟に対応する

一歩踏み込んだ工夫 10

自分だけでがんばりすぎていませんか？

できない営業は ▼ すべて一人でやろうとする

できる営業は ▼ 上司にも助けてもらう

すべてを自分一人でやるのが「できる営業」という勘違いに気をつけなければなりません。真面目で自尊心が高いタイプほどこの罠にはまりやすくなります。

「できる営業」は、仮にすべて自分でできたとしても、上司を巻き込み助けてもらうことで、自分の実績アップにつなげます。結果的に評価も上がります。

今の課長クラスはプレイングマネージャー化しているので、部下の一人ひとりに細かく目配りするのが難しくなっています。若手を育てることもマネージャーの仕事の一つですが、現実的には人財育成に割ける時間は多くありません。

「上司をマネジメントするように」という教えもありますが、これはなかなかの上級編です。知識も経験も上回る上司をコントロールすることは簡単ではありません。上から目線ではなく、上司をうまく立てながら活用できる現実的なテクニックがあります。上司の「俺をうまく使ってくれよ」という気持ちを活用することです。

手取り足取り教える時間がなくても、営業同行を頼まれて断る上司はほとんどいません。ポイントはそのタイミングです。

適切な上司同行のタイミングはいつだと思いますか？　普通は案件がうまくいったタイミングで「そろそろ、上司もご挨拶」、もしくは、「クロージングで危なくなった時」が頭に浮かぶのではないでしょうか。

実は上司同行のおすすめのタイミングは「初回訪問」です。初回訪問で上司も連れて行くと伝えると、普通に配慮できる相手であれば、先方の上司も同席してくれます。最初から上司同席であれば、担当だけでは聞けないレベルの話も聞きやすくなり、受注確度が上がります。そして、ここで面識ができていれば、何かあった時に上司から直接連絡を取ってもらうことが可能になります。

最悪なのは、クロージングで負けそうになった時に、はじめて連れて行こうとすること。営業担当が危ないと気づいた時は、ほとんど負けが確定している場合が多いものです。そのタイミングでまだ会ったこともない上司を連れて行くと言われても、用件がわかっているので先方も会いたくありません。すでに他に内定している場合、決定を覆すのは難しいので、適当な理由をつけて断られてしまいます。

初回から同行してもらっている場合は、すでに面識があるので上司からも電話やメールで状況を確認してもらうなど、援護射撃を無理なく受けることができます。

大手メディア系G社の受託商品を販売する部署では、初回の上司同行をルール化しました。若い営業担当Sさんは最初は半信半疑でしたが、だまされたと思って言われた通りにやってみたところ、先方の上司も出てきてくれ、案件がうまく進みました。すぐ効果が実感できたので、その後も可能なかぎり、初回訪問での上司同行を習慣化したところ、受注確度の高い案件の数が2倍に増えたと喜んでいました。

初回からの上司同行には他にもメリットがあります。まず、最初から上司を巻き込むのでその案件に関して、その後も気にかけてもらいやすくなります。自分が関与した案件は上司も気になるものなのです。

もちろん初回だけでなく、その後もポイント・ポイントで同行してもらう機会をつくることで、自然とコミュニケーションが増えます。接する時間が増えると、他の案件のアドバイスももらえます。進捗の芳しくない案件の相談などもできるので、受注確率が高まります。

さらに、上司の顧客への気配り、セールストークや細かい対応テクニックなども自然と覚えられるので、一石四鳥くらいの効果も期待できます。

営業の正解 10
一人で何でもやろうと思わず、上司を賢く活用する

自分ですべて一通りできるのが「できる営業」の基本ではありますが、プラスして、上司をうまく活用できるのも大切な条件です。

ヒアリングのコツ 11

ヒアリングでニーズをちゃんと聞き出せていますか？

できない営業は ▼ **売りたいモノの話をする**

できる営業は ▼ **相手が求めるニーズを探る**

営業で最も重要な活動は何でしょうか？　答えは「ヒアリング」です。特に課題解決型の提案営業では命綱です。顧客本位の「できる営業」は間違いなく、ヒアリングに一番時間を使っています。

自分本位の「できない営業」は、目の前の相手が望むものを本気で理解しようとせず、売りたいモノの話に躍起になりがちですが、それではうまくいきません。

相手の求めるニーズを理解しないまま、自社の都合や独りよがりな思い込みで商品の魅力を説明しても、相手の心には響きません。

相手の話をよく聴いて、課題をさりげなく探る。課題解決に協力するプロセスを通して、信頼関係を構築する。ヒアリングで本当の課題を共有できていなければ、継続的な仕事はできません。

真の課題やニーズを見きわめるために、相手のビジネス哲学を知ることも大切です。**ポイントは、ビジネスニーズとプライベートニーズに分けて考えることです。**

ビジネス対応だけだと、日本人的にはドライすぎるような感じがします。プライベート対応もたまには必要ですが、度をすぎてそればかりに偏ってしまうと、本来のビジネスでやるべきことを見失います。真のニーズを知りバランスをとることが、相手に感謝され長く健全な関係を続けるコツです。

医薬営業を例に、相手が求めるビジネスニーズ／医療ニーズと、それ以外のニーズ／医療外ニーズに分けてみましょう。

●**医療ニーズ**

①薬剤情報　②文献情報　③医療全般　④近隣病院情報　⑤学会・セミナー
⑥患者ニーズ　⑦副作用情報　⑧行政情報　⑨研究会等の場　⑩地域連携支援

●医療外ニーズ

①経営アドバイス ②趣味のおつきあい（飲食・ゴルフ・釣り） ③周辺業務のお手伝い（IT・PC関連、出張・旅行） ④その他（プライベートな相談事）

薬の営業（MR）が情報提供を行うドクターは、プライドが高く扱いにくいタイプが多いといわれます。センシティブな気配りが求められます。

もちろん、【医薬外ニーズ】「②趣味のおつきあい（飲食・ゴルフ・釣り）」を求めるドクターもいないわけではありませんが、今や少数派です。患者の健康と命をあずかる身なので、過剰な接待は問題視され規制も厳しくなっています。

それ以外にもドクターが求める様々なニーズがあることが、このようにリスト化するとわかると思います。

第1章〈◎薬と旅行の営業プロセスが同じ？〉（38ページ参照）で説明した地域連携活動は、【医療ニーズ】の最後に「⑩地域連携支援」として入れてあります。現状では、すべてのドクターが求めるものではなく、その効果を正しく理解していないM

Rも多いからです。

ちょっとネガティブなことも書きましたが、患者思いで勉強熱心なドクターが多いのも事実です。ドクターごとに本当に求める課題やニーズを知ることが、忙しくても必要な時間を割いてもらうための基本中の基本です。

ところが、ドクターと接する1～2分の短い時間の中で、自社の薬をコールする（製品コール。薬の名前を繰り返して、処方をよろしくお願いしますということ）という誤った営業を繰り返すMRがいまだにあとを絶たないというのが実態です。

製薬会社の依頼を受けて、営業される側であるドクターの本音を調査したことがありますが、嫌いなMRのタイプのアンケートを取ったところ、一番多かったのは「薬の話しかしないMR」という回答でした。

こうしたデータ（エビデンス）もとらずに指示をしてきた会社も悪いのですが、ドクターに嫌がられることを、組織を挙げてやっているというのはこっけいな話です。これが1～2分しか相手をしてもらえず、顔も名前も覚えてもらえない「悲しいMR」が次々に生まれる本当の理由です。

地域医療連携が提唱され、製品コールから面談内容重視に変わってきているとも言われていますが、まだまだ現場の実態は変わっていないとの指摘もあります。

状況を憂う製薬会社のキーマンTさんに聞くと、これから求められる究極のMRの仕事は、「薬の総合コンサルタント」だと言います。

自社の薬だけにこだわらず、患者を治すために他社の薬と併せてトータルでの医薬提案を行うのが目指す方向です。

会社の指示に従っていても、実は相手の邪魔をし、逆に嫌われるような営業のやり方をしていないか、ヒアリングうんぬんの前に、一度冷静になって考えてみるべき業界や会社があるのは確かでしょう。

営業の正解 11
ビジネスニーズとプライベートニーズに分ける

ヒアリングのコツ 12

顧客視点に立てていますか？

できない営業は ▼ **自分の目標達成しか頭にない**

できる営業は ▼ **顧客の心を理解しようとする**

「顧客視点に立て」。言葉にするのは簡単ですが、自分の仕事でやろうとすると簡単ではありません。「結果がすべて」という営業の世界にはびこる悪しき常識がまかり通る組織では、自分たちの目標が達成できるかどうかしか問われません。

自分たちの数字のことしか考えられないので、顧客のニーズに向き合うことができません。顧客の気持ちに興味が持てないのに、理解できるはずがないのです。

真のニーズとは何か思い出すために、ソフトですが本質的なヒントを含む事例を紹介します。大手商社M社の繊維部門に勤めるHさんのお話です。彼は入社前に婦人服の接客・販売のアルバイトをしたことがありました。バイトなのでいくら売っても時給は変わりません。本気で売る気のなかった彼は、いきなり商品の話をすることもしません。

代わりに、来店客をちょっと観察して自然な会話から入ることにしました。仕事帰りのOLであれば「今日はお勤めの帰りですか？」。学生でテニスのラケットを持っていれば「クラブでテニスの練習ですか？」といった感じです。

これだけ聞くと「できる営業」とは関係なさそうですが、Hさんはその店で店長や正社員含め誰よりも洋服を売っていたそうです。「自分はバイトなので、買ってくれなくても大丈夫です」と何度正直に言っても、買ってくれる人もいたほどです。

なぜ買ってくれるのかすぐにはわからなかったのですが、「店に寄ってくれる顧客が求めるものを提供できていた」ことに、ある時気づきました。

その店にくる女性客は洋服が買いたくて店に来ていたわけではなく、ちょっとした会話を無意識に求めていたのです。お店があった場所は、オシャレな街ではなく、JR中央線沿線の地味な駅ビル。扱っていた商品も流行の先端というより普段着中心のラインアップです。

来店客たちは本気で洋服を買うつもりはなく、自宅に帰る前の10～15分、ちょっと寄り道をして気分転換をしていただけだったのです。何をするわけではないが、駅からまっすぐ家に帰るのではなく、ちょっとどこかに寄って気分を落ち着かせたくなることは誰にでもあることです。

その真の顧客ニーズに、相手に合わせてたわいのない会話をする、というHさんの自然なコミュニケーションがマッチしていたということですね。

洋服を買いに行くと、店に入った瞬間にさっと店員が寄ってきます。「いらっしゃいませ。試着できます」と、まだ何も見ていないのに声がけされます。マニュアル通りの接客ですが、実際どう感じるでしょうか。逆に引いてしまい、買う気が失せてしまうことはありませんか。

これは顧客の購買心理を理解していない間違ったマニュアルのせいです。

店に入ってきてもすぐに声はかけずに、しばらく遠目で見守りながら、出で立ちや行動を観察する。ある商品の前で立ち止まり値段や生地をチェックし始めたら、そこが声がけのタイミング。会話に乗りやすい最初の一言を用意しておいて、さりげなく声がけをする。Hさんの事例から立てられる正しい接客マニュアルの仮説です。

第三者として考えれば、バイトでもわかる簡単な当たり前の話です。ところが組織に入り、商品を売ることを義務づけられプレッシャーをかけられると、顧客の気持ちはどこかに飛んでしまいます。

「顧客の真のニーズを理解する」。耳にたこができるくらい言われることですが、本当にできている営業がどれくらいいるでしょうか。頭でわかっていても、実際できているかどうかは別な話なのです。

「できる営業」は自分が顧客になった時の気持ちを忘れないでいられる、幸せな人なのかもしれません。

営業の正解 12 数字のことを忘れて、自分が客になった時の気持ちを思い出す

ヒアリングのコツ 13

ヒアリングの精度を上げるためにどんな工夫をしていますか？

できない営業は ▼ 自分の記憶力を過信する

できる営業は ▼ 聞き漏らしを心配する

ヒアリングが重要だというのであれば、その基本的な手法も明らかにされていなければなりません。ところが、属人性が課題である営業の世界では、ヒアリングのやり方も各人の工夫にまかされている組織がほとんどです。

「できる営業」はどうしているのでしょうか？　**彼らはまず確認しなければならないヒアリングポイント（項目）を整理します。そして、そのポイントを聞き漏らさないように「ヒアリングシート」を用意しています。**

「できない営業」は慣れているから大丈夫と考え、自分の記憶を頼りに適当に聞きますが、必ずといっていいほど何点か忘れます。そもそも何を聞くべきかハッキリ意識していない営業もいます。

営業の場面はいわば即興劇のようなものです。相手により反応や会話の流れも千差万別。どんなベテランでも聞き漏らすことがありますし、その場の雰囲気で聞きにくい時もあります。まして不慣れな若手であれば言うまでもないでしょう。


ヒアリングシートを準備して持参するだけでだいぶ問題は改善します。ヒアリングする項目をすべて覚える必要がないので、聞き漏らしが減り精度が上がります。顧客もヒアリングのやり方が標準化されていることがわかるので感心してくれます。ヒアリング力の属人化の解決にもなるので、人財育成の観点からもおすすめです。

ヒアリングシート自体は、簡単なものを用意している会社もありますが、売りたいモノの仕様やスペックを確認するための、あまり使えないものになりがちです。

ヒアリングシートを活用する目的は、顧客が求めるニーズを探り理解することです。ですから、順番としては、まず商品で解決したいことや導入の目的が先にきます。商品に関するチェック事項はそのあとです。

あくまでもその課題解決のために売りたいモノがくるという考え方です。そのため、

営業の正解 13 ヒアリングシートで、ポイントの聞き漏らしをチェック

ヒアリング項目も「現状」「課題意識」「ゴール（解決の方向性）」を先におきます。課題もできればパターン化しておきたいところです。顧客課題が10個程度にまとめられればヒアリングがやりやすくなります。その他、顧客の人脈情報（特に、決定権者）、予算のあるなし、導入予定時期なども項目として入れます。

何だかんだいっても出口は企業が提供するソリューションですので、そこに導くために、お客様が納得しやすいストーリーを、ヒアリングシートの流れにさりげなく差し込んでおくこともポイントです。

顧客のニーズを中心にした課題ファーストのヒアリングシートに従って、顧客のゴール・課題・メリットを知ろうとすると、それまでにはない顧客の反応が返ってくるはずです。

相談対応 14

仕事に関係なさそうなことを相談されたら？

できない営業は ▼ スルーする

できる営業は ▼ チャンスだと考える

ヒアリングが先か、相談が先か、ケースバイケースです。実際には、ヒアリングを通して課題を共有してもらおうとした結果、相談や宿題が出てくることも多いです。そこで、一つ前の13項で説明したヒアリングの工夫に続けて、相談の受け方や活かし方についても紹介します。

相談を受けることは信頼獲得の近道です。仕事に直接関係なさそうなことでも相談を受けることです。効率ばかりが求められる世の中ですが、遠回りに見えても、相談を受け解決に協力することが、信頼獲得の確実なルートなのです。

顧客が相談してくれるのは、〝潮目が変わる重要なタイミング〟が多いです。顧客との信頼関係を一歩進めるために、決して見過ごしてはならないサインです。

ようやく自分が信頼され始め、試されているのだととらえてください。取引額を伸ばす、シェアを拡大する、競合から乗り換えてもらう。こういった営業目的を達成するために、とても大切な一歩なのです。

「できる営業」は、前回訪問時にもちかけられた相談や宿題に対する準備に抜かりがありません。

B2Bビジネスでよくある相談は、⑴事例調査（うまくいっている成功事例や失敗した事例）、⑵競合情報（どういう動きをしているか、特に新しい試み）、⑶市場・価格調査（市場の将来予測、価格変動）などです。

こういった依頼に真摯に対応して役に立ちそうな情報を提供すると、信頼できるかどうかのテストをパスできます。質問も出やすくなるので、次の「宿題」も自然ともらえます。

「営業的な接点を多く持て」というのは昔から言われる営業の鉄則の一つですが、そ

のためにどうすればよいかという問いに対する正解が「相談・宿題対応」です。

難易度は上がりますが、「こういうことができないかな？」はとてもおいしいキーワードです。提案している商品だけでは対応できないことへの相談ですが、そこに真の顧客ニーズが隠れていたりします。成功している新規事業の中には、こういった顧客からの相談対応から始まったケースが多い、という話も聞きます。

一方で、「できない営業」は、こういった相談ごとに関する感度が低いです。断りはしなくても、めんどうくさそうにします。あるいは、その場では調子よく安請け合いしますが対応が遅いです。平気でそのまま放っておいてスルーします。

5項（60ページ参照）でも強調しましたが、口だけで約束したことを守らない営業は最も嫌われます。これは営業の失敗要因です。

一見仕事にはつながりそうもないことでも、顧客から相談されたことには柔軟に対応することをおすすめします。ビジネスとは関係ないことを頼まれるのは、期待されていることの証です。ビジネスチャンスを与えてくれているのです。

遠回りに見えるかもしれません。必ずしもすぐリターンが返ってくることばかりではありません。無駄な作業で終わることもあります。

しかし、継続的なビジネスは人間関係につきるので、回りまわってビジネスに返ってくる可能性も考えている以上に高いのです。少なくとも、お手伝いしながら接点を増やし、関係構築に努めることができます。

大手航空会社J社を担当していたITソリューション会社の営業Sさんの話です。中国ビジネス強化を目指していたその顧客から、「影響力のある中国人経営者に講演を頼みたいのだが、何とかしてくれないか？」と頼まれたそうです。

自社のビジネスとはまったく関係ありませんでしたが、つてがあったので快く受け入れ、中国進出セミナーの講演者紹介に協力しました。

後日連絡があり訪問したところ「以前提案してもらったITツールの件、担当部署に通しておいたから、具体的なことはそこと詰めて」と案件を紹介されました。

一度提案をしたことはありましたが、正直言ってそれほど芳しい反応があったわけではありません。ところが、話はトントンと進みパイロットプロジェクトを無事受注！

（実は講演者の紹介を依頼してきた人は、社内でヒット商品を発掘し続けていた影響力のあるキーマンだったことが、プロジェクトを進める中でわかりました）

取引先によっては、こういった〝ビジネス的な配慮〟をお返ししてくれることもあります。変に見返りを期待してはいけませんが、思いがけず嬉しいお返しがあることもあるのです。

相談をきっかけに大きな成果が生まれた事例を紹介しましたが、営業ではストレートな効率ばかり求めず、急がば回れでうまく行くこともあるのが奥深いところです。

営業の正解 14 相談に真摯に向き合うと、返報性が期待できる

相談対応 15

顧客に信頼されていると自信を持って言えますか？

できない営業は ▼ **相談が来ないことに気づかない**

できる営業は ▼ **必ず相談される**

前項で相談対応の大切さを説明しましたが、あまり相談されない「できない営業」もいます。厳しい言い方かもしれませんが、相談されないのは関係ができていない証拠です。悲しいことに、そのことに気づかない営業もいます。

キーマンに刺さっていれば、必ず相談がきます。信頼されている「できる営業」は、顧客から自然と相談されるものなのです。商談情報も競合より早いタイミングで相談されます。コミュニティや地域で他の顧客も紹介してもらえます。

保険や車などを中心としたB２Cビジネスでは、商品を売るだけでなく「よろず相談役」として、相談を聞き協力することが「できる営業」の仕事になります。

例えば、大手生保N社のトップセールスSさんは、保険契約だけにこだわらず相談を受けること＝「まちの情報」を売ることが自分の仕事だと言い切ります。まちの情報とは、次のようなテーマに関することだそうです。

①子供の教育 ②親の老後 ③自分の老後の心配 ④健康生活 ⑤良い病院の紹介 ⑥様々な課題解決策や専門家の紹介（不動産、弁護士、税理士など） ⑦婚活（合コンも含む） ⑧転職

Sさんは、まちの情報の橋渡し役として、こつこつと蓄積した知見や人のつてが大切なお役立ち情報になるので、常に情報収集に努めているそうです。

「相談される営業」は多くの顧客を抱えているので、その中に相談解決を助けてくれる人がいます。その数がネットワークの形で連鎖的に増えていくので、顧客に刺さっていない「相談されない営業」との差がどんどん広がっていきます。

別の外資系生保P社のNさんは「おせっかいをすることを大切にする」と表現しま

す。同じようなことですが、紹介でご縁を広げていくには、保険という本業以外の活動＝相談ごとにのるなどの〝おせっかい〟を通した、お客様との結びつき（信頼関係）が大切だと強調します。

保険の営業は顧客のためを思っておせっかいする人々の集団だそうです。人間関係が希薄化し、おせっかいをする人が減ってきている今だからこそ、そういう人々の橋渡し役が必要なのだと考え、プライドを持って取り組んでいるそうです。

生保の「できる営業」は異口同音に「紹介が大切だ」と口にします。紹介というと、普通は「保険に入りたい人を紹介してもらう」と考えがちです。最初から保険に関心がある人を紹介してもらえれば楽ですが、現実的にはそうした紹介ばかりでありません。

ものは考えようで、紹介数を増やすためにはハードルを下げて、保険に入りたいとは言っていない人の紹介も喜んで受けるようにすることだそうです。

目先の契約しか考えていない人には理解できないかもしれませんが、その人自身は保険に入らなくても、別の方を紹介してもらえます。また何年後かに保険の関心やニーズが生まれることもよくある、という長期的な考え方もしています。

紹介の輪で営業する生保のスタイルは理論的にいうと、「人脈ネットワークをつくり広げていくこと」だと言えます。相談ごとの解決協力を通して、信頼関係を構築して、その輪を広げていきます。

人脈ネットワークを活用した営業は、実のところ、あまり手間のかからない効率的なマーケティング手法なのです。相談に乗り一人ひとりの顧客の信用を獲得すれば、やがて人脈ネットワークを通じた紹介という形で回って戻ってくるということです（「38 地域ネットワークの波及効果を知っていますか？」に詳述）。

個人的には好きな表現ではありませんが、かつて言われた「自分を売る」とはこういうことです。契約以外の個人的な悩みにも親身になって相談を受けることで、人間として信頼してもらえます。すると、商品にあまり差がないビジネスであれば、相談に乗ってもらったお礼として買ってもらえるというわけです。

悲しいことですが、こういったことを体系立てて教えられることはあまりありません。生保の営業所でもその週の受注見込みを朝礼で詰められるだけです。結果のことしか問われないので、真面目で必死な営業ほど保険の話しかできなくなります。

「相談されない営業」を生み出しているのは、相談対応の本当の大切さを理解していない本部なのかもしれません。

営業の正解 15

相談が増えれば、結果はあとから必ずついてくる

第3章

《営業の正解・中級編》

「ワンランク上の営業」を目指す人へ

■ある程度実績を積んだ人、伸び悩みを感じて突破口を求めている人にピッタリの中級編です。営業の仕事を理論的・体系的に説明していますので、ぜひ、自信を確信に変えてください。

数字が上がる基本原則 16

業績アップの方程式をご存じですか？

できない営業は ▼ **結果の数字しか見ない**

できる営業は ▼ **因数分解して考える**

業績アップについては、数学的なアプローチが可能です。数学的といっても簡単な式なのでご安心を。実は〝業績アップの方程式〟（別名、生産性アップの方程式）というものがあります。

次ページの図を見てください。業績を上げるための要素は〈案件数〉〈金額〉〈成約率〉〈商談期間〉の4つです。すなわち、案件数を増やす、金額を増やす、成約率を上げる。この3つが分子に来ます。そして〈商談期間の短縮〉。これが分母です。

■ 業績アップの方程式

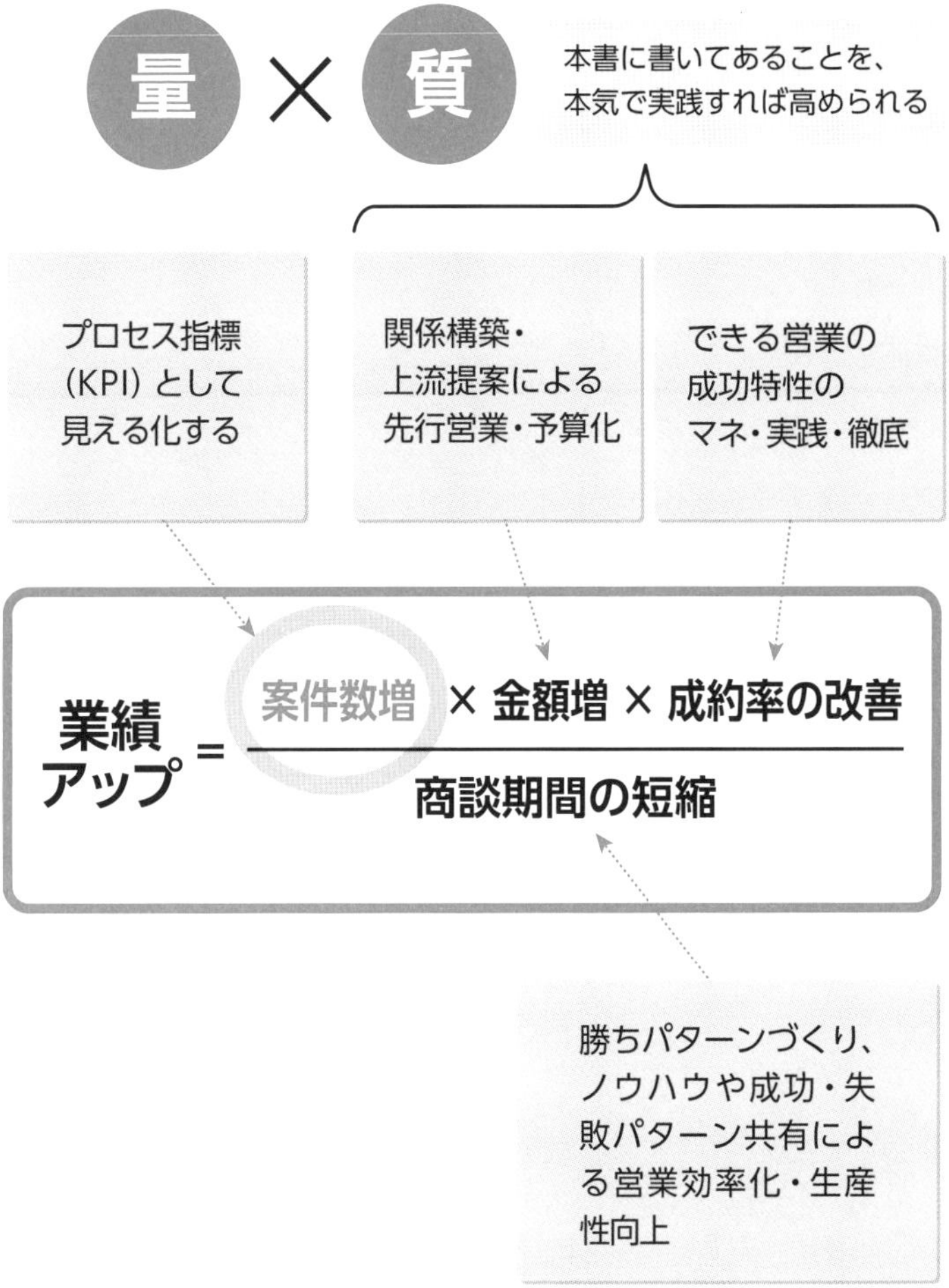
量
×
質
本書に書いてあることを、
本気で実践すれば高められる
プロセス指標
(KPI) として
見える化する
関係構築・
上流提案による
先行営業・予算化
できる営業の
成功特性の
マネ・実践・徹底
業績アップ ＝ 案件数増 × 金額増 × 成約率の改善
商談期間の短縮
勝ちパターンづくり、
ノウハウや成功・失
敗パターン共有によ
る営業効率化・生産
性向上

まず〈金額〉ですが、自社がマーケットの価格をコントロールできるくらい寡占状態にある、あるいは、商品やサービスが圧倒的に強ければ別ですが、通常は競合としのぎを削っているので、自社の都合だけで価格を上げるのは簡単ではないはずです。

次に〈成約率〉です。これも仮に完璧な営業ができたとしても、必ず受注できるわけではありません。

対応や提案内容がいくらよくても、決裁がとれない、先方の業績が芳しくないなど、その時々の顧客の理由で受注までは至らないことはよくある話です。

本気で買うつもりはない情報収集目的の問い合わせや、相見積ではないかと薄々気づきながらも、対応しなければならないこともあります。どんなに完璧な営業をしても取れない時は取れない。顧客を自分の思惑通りに動かすのは至難のわざです。

〈商談期間〉も短ければ、売る側からみた生産性はアップしますが、これも思い通りに顧客の購入スケジュールをリードするのは、誰にでもできる芸当ではありません。

買う側は、売る側の予算達成や締めの時期にはまったく興味がありません。

さて、残るは〈案件数〉ですが、これはきちんとやるべきことをやり、努力さえすれば着実に増やすことができます。詳しくはこの後の「17 質と量、どちらが大切ですか？」で説明します。

先に〈金額〉を上げるのは簡単ではないとちょっと否定的な表現をしましたが、手がないわけではありません。決定権者との関係を構築し、予算化前から上流提案や先行営業を行うことです。競合なしの案件にすることにより、コンペのケースに比べて高い利益率を確保することができるようになります。

では〈成約率〉はどうでしょう。「できる営業」のマネをすることです。この本で紹介している成功特性は、そのやり方をまとめたものです。〈案件数〉という量をこなしながら、成功特性を実践する。継続的に工夫改善を行うことで、成約率を高めることができます。

〈商談期間〉も同様です。勝ちパターンを身につければ、負けが減るのでトータルの商談時間を減らせます。成功・失敗分析を共有すれば、同じミスを繰り返さなくてすみます。成功特性という切り口で、強みや弱みを見直すことで商談期間を縮められます。

営業の正解 16

業績アップ＝（案件数×金額×成約率）÷商談期間

数字が上がる基本原則 17

質と量、どちらが大切ですか？

できない営業は ▼ 二兎を追う

できる営業は ▼ 質より量を重視する

業績アップの一番の近道は、まず自らの努力で着実に増やせる〈案件数〉を増やすことです。次に、成功要因を学び試す ↓ 勝ち負けパターンの分析を行い試行錯誤する ↓ 営業力を強化して成約率を上げる、という順番です。

ちなみに、「案件数を増やせ」というのは、「7 古い教訓は役に立たないと思っていませんか？」で書いた昔からある営業格言の一つですが、16項や18項でも理論的に説明します。

営業は確率論です。わかりやすく伝えるために、野球の打率に例えてみましょう。

まずは打席に立つ、つまり案件数（＝打数）を増やすのが先です。打席に立たなければヒットは生まれません。打席に立ちながら、成約率（＝打率）を上げることを目指すのが普通の順番です。

業種・業界や扱う商品によって変わってきますが、営業の場合、野球と同じく3割打てるかどうかが一つの目安になります。

ちなみに、①案件の質を上げるべきか　②案件数を増やすべきか、という質問を受けることがありますが、これについてはトップセールス1000人へのヒアリングで、既に結論が出ています。答えは②案件数を増やすです。

理由は前の項目の〈成約率〉のところでも説明したように、顧客をコントロールするのは難しく、完璧な営業をしても取れない時は取れないからです（そもそも完璧な営業というのも、売る側の勝手な思い込みにすぎません）。

「案件の量と質を同時に改善する」といういいとこ取りではうまくいきません。二兎を追うものは一兎をも得ず、まず案件数を増やすことに集中すべきです。何事においても最低限の練習時間は必要です。その過程を通して徐々に成約率の改善→商談期

まずは案件数を増やす

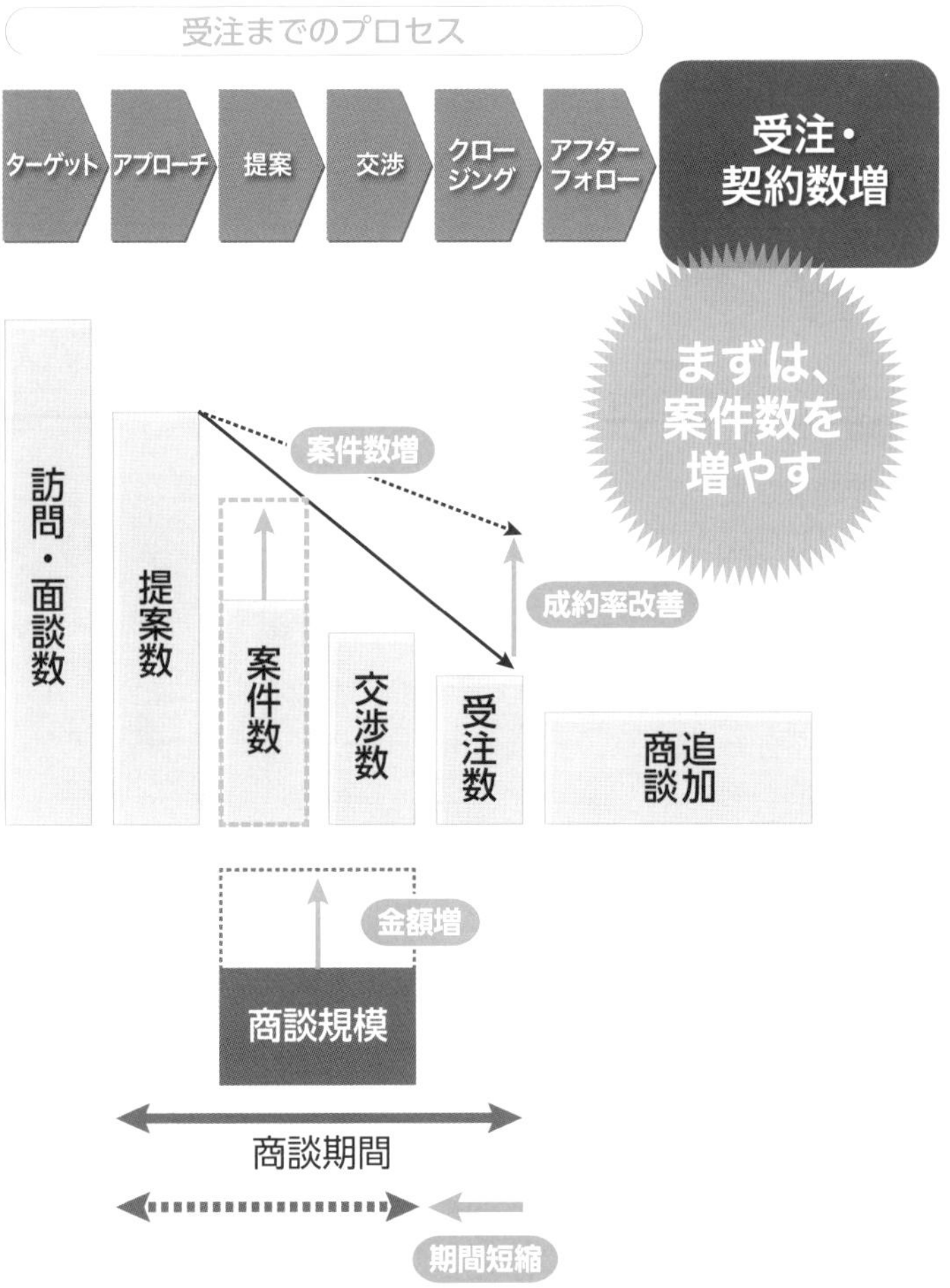
受注までのプロセス
ターゲット
アプローチ
提案
交渉
クロージング
アフターフォロー
受注・契約数増
まずは、案件数を増やす
訪問・面談数
提案数
案件数
交渉数
受注数
追加商談
案件数増
成約率改善
金額増
商談規模
商談期間
期間短縮

、

間の短縮→金額増を目指します。

業績アップの方程式は単純な式ですが、これを徹底し突き詰めていくだけでも、多くのやるべきことが見えてきます。効果も確実に表れます。

人材派遣会社S社の事例を紹介します。多くの人材派遣会社は、「顧客が求める人材像をまずしっかり確認して、要望にマッチする人材をじっくり選んで紹介」という考え方をしています。人材要件の確認や選定を丁寧に行うので、営業の1日の訪問件数は1～2件、多くても3件くらいです。

これに対して当時他社を圧倒したS社はまったく異なる仮説を持っていました。それは「人材派遣が決まるのは、人材が必要なタイミングに来た営業に頼む確率が高い」というものです。

そのために、営業一人の1日の訪問目標件数を50件としました（エリアや担当する顧客により30～50件）。質問もシンプルに2つにしぼりました。「人材の募集のあるなし」「あるなら、どの職種か」。こうすると1件あたりの訪問時間が5分程度で済みます。

さらに、社内システムも整備しました。ニーズがある場合、その日中に候補者を連絡できるようにしたのです。営業が帰社後に候補を選ぶのではなく、面談後すぐに社内の専門部署に営業報告が飛び、ピッタリの条件ではなくても近い候補者情報を、とにかく早く顧客に届けることができるようにしました。

こうして営業が他の顧客を回っている間に、派遣候補者がスピーディに届けられ案件が決まる、という超効率的な仕組みができあがりました。

他を圧倒する20～30倍の訪問件数と、24時間以内のスピーディな人材紹介。独自の営業戦略自体は競合もわかってはいましたが、自分たちのやり方を変えることはできず、S社の独走を許してしまいました。

営業の正解 17 結果が欲しければ、まずは訪問数と案件数を増やす

数字が上がる基本原則 18

受注の読みに自信がありますか？

できない営業は▼担当の話を鵜呑みにする

できる営業は▼必ず決定権者と話す

ここまで案件数について述べてきましたが、案件が増えてくると、個々の案件の受注確度をランクづけして見込みの精度を上げる必要が出てきます。

多くの会社で案件のランク管理を行っていますが、そのほとんどは営業担当の主観によってA／B／C／Dなどのランク分けを行っているだけのものです。

上司は「鈴木君のAランクは信用できるが、山田君のAランクはちょっと信用できないのでBランクに下げておこう」というように、各担当の性格を加味しながら修正を行います。基準があいまいなので、同じAランクを付けていても担当によって精度が異なるため、調整が必要になり余計な時間を取られることになります。

しかし本来は、案件ランクや受注確度は、担当の主観的な判断ではなく、共通の指標とルールによって客観的に判断できるものでなければなりません。

おすすめが〝BANTルール〟。これは、予算（Budget）、人脈情報（Authority）、ニーズ（Needs）、タイミング（Time-Frame）の4つの項目を確認することで、案件のランクや受注確度をチェックする手法です。4つの頭文字をとり、野球のバントにひっかけて〝BANTルール〟と呼ばれています。

BANTルールは、もともとは外資系の大手ITベンダーI社が技術者派遣の尺度として使っていたもので、IT系では有名なルールで採用している企業もけっこうあります。

IT系の会社では技術者が出てくる場合、アサインされた時点から社内で費用が発生します。むやみに技術者を同行させないためですが、その時の基準がBANTルールを満たしているのかというものだそうです。

BANTルールの運用では、例えば「B・A・N・T のすべてがOKであれば、Aランク」というようなルールを決めておくと、ブレが少なくなります。

●BANTルールの運用例

「B＝予算があるのか」

・本年度の予算が既に確保されているか確認すること。

・予算がない場合は、予算化のプロセスをさりげなく会話の中で確認。

・予算の締め、絞り込み、取締役会での承認、予算執行時期なども詳しくチェック。

「A＝決定権者の確認はとれているのか」

・担当者との関係づくりは基本だが、実質的な権限を持っている決定権者が誰であり、その人物が何を求めているかの確認が最も重要。

・旗振り役が決定権者を兼ねている場合がベスト。関係づくりは担当にまかせきりにせず、上司の責任で、必要に応じて経営陣も巻き込みながら対応する。

・反対派は誰でどういう理由で反対しているのかも、情報提供者に協力してもらい入手して、対処策を施す。

「N＝そもそも自社の提案に対してニーズがあるのか」
・そもそも提案する商品やサービスに対してニーズや興味、検討の可能性があるのか確認。ニーズなしの場合は、無駄な努力はしない。

「T＝導入や予算の時期などのタイムフレーム（タイミング）がわかっているのか」
・ニーズがあっても、納期、導入予定時期、予算時期などタイムフレームが合わない場合は、次回のコンタクトタイミングを客先に確認。
・必要がない限り、約束した時までは、無駄なコンタクトは行わない。

この中でも最も重要なのがAの人脈情報です。特に、真の決定権者が誰かわかっていて、なおかつ、その人物と良好な関係が築けていることが重要です。

しかし、通常の営業担当、特に若い人は、年配の決定権者（取締役〜部長クラス）と関係を築くのはそう簡単なことではありません。

若くても年配者とも仲良くなれるタイプ（ジジ殺しと呼ばれます）もいますが、

200～300名に1人程度です。

気をつけなければならないのは、決定権者の意見を直接確認しないまま、担当者とだけのやり取りに懸命になること。担当者の要望に応えようとすること自体は悪いことではありませんが、それだけを信じて鵜呑みにするのは危険です。

担当者はこちらのシンパでも、決定権者は実は競合との関係が深く、案件はすでにそちらに決まっていたというパターンがよく起こりがちです。

そうならないように、また案件の受注確度を上げるためにも、抜かりなく対処しなければなりません。営業は決定権者情報を確認し、自分だけでは難しい場合は、上司にも助けてもらいながら決定権者と必ずコンタクトを図るようにしてください。

営業の正解 18
BANTルールで、案件ランクを客観視する

数字が上がる基本原則 19

コンペに勝つためにどうしていますか？

できない営業は ▼ 価格や商品に頼る

できる営業は ▼ 阻害要因を排除する

提案・プレゼンがうまくいけば、あとはクロージングに向かって一直線――、といきたいところですが、その前に「阻害要因」を排除しなければなりません。阻害要因はヒアリングの時から確認しますが、提案後が本番です。阻害要因は何なのかを、提案後のフォローを行いながら正確に把握し対処します。

案件ごとに違いがあるように感じるかもしれませんが、阻害要因は大別すると次の7つにまとめられます。

①価格　②納期　③商品力　④サービス（サポート・保守等）⑤実績　⑥政治力
⑦営業担当の対応

阻害要因の比較対象は競合です。競合とのコンペになっている場合は、具体的な名前を聞き出します。競合の良い点・悪い点も可能なかぎり聞き出しましょう。関係ができていれば、ズバリの回答ではなくても何らかのヒントをくれるはずです。自社の提案内容が競合と比較して劣る点は何なのかも確認します。その上で、競合と自社の強み・弱みに合わせて、できるかぎりの手を打ち阻害要因を排除します。営業は①価格や③商品力のせいにしがちですが、実際は⑦営業担当の対応に不満があるケースも少なくありません。この点については、営業自身が自覚していることは少ないので、上司を含めた客観的な判断を組織的に行うことが求められます。

ビジネスは何が起こるかわかりません。特にコンペの場合、一瞬先は闇です。競合が安値を提示してかきまわしたり、政治力を使ったりして妨害してきます。クロージングの詰めはもたもたせずに。鉄は熱いうちに打てです。

質問や確認の連絡が多くなってくると、クロージング間近です。社内承認を得るために、関係者に説明すると質問されたり、確認事項が増えたりするからです。社内決裁に向けて、顧客が一番盛り上がってくるタイミングを見逃してはいけません。

ほぼ決まりだからと油断していて痛い目にあった経験は「できる営業」にもありますが、「できない営業」はこの機微が察知できずに、詰めが甘い傾向があります。

競合と阻害要因が排除できたのであれば、あとは基本的には売り手側のペースで進めた方がスムーズです。

理由は買う側はクロージングの手順がわかっていないからです。決める段階では値段交渉や納期が大きなポイントやネックになります。価格が合意できたのであれば、あとは納期や導入スケジュールに関心が移ります。

やるとなれば「すぐにでも」という要望が出てくるケースが多いので、そのスケジュールから逆算すると、契約を急いだ方がよいという売り手側のロジックを押し通しやすくなります。

ところで意外に感じるかもしれませんが、「できる営業」はあまりクロージングを意識していません。**それまでの営業プロセスで、不安要素をなくしていくことで、クロージングを特別に意識せずに、自然と契約につなげられるのが「できる営業」が目指す展開です。**

競合排除の話に戻って掘り下げましょう。整理すると案件には2種類あります。「競合あり」か「競合なし」の2つです。「できる営業」は後者の競合なしの案件が多いのです。ヒアリング段階から課題を共有する中で、自然と案件化していきます。形式上コンペになることはありますが、先行して営業しているため、実質的に競合を排除することができます。

その勝ちパターンの中で、顧客の質問に答え（詳細確認や技術的な確認）、不安を解消し（成果物やサポートの範囲など）、要望に応えます（価格交渉や希望納期）。すると、阻害要因が自然に減り、自然な流れで顧客の意思決定～社内許可となるため、特に改まってクロージングを意識することが少ないのです。

もちろんすべてが競合なしというわけにはいきませんが、**「できる営業」は競合に先行して顧客と一緒に案件を創り出します。**

一方、「できない営業」は、案件化したあとに競合とのコンペありという「受身の案件」が通常となるため、後手を踏むケースが多くなります。

「16 業績アップの方程式をご存じですか？」でもふれましたが、上流提案や先行営業を行って競合を排除することが、一番の阻害要因対策です。

こうした戦略的な営業により、成約率と利益率を改善することもできます。

営業の正解 19

戦わずして勝つ！ 案件を創り出し、競合なしにする

クロージングで苦労していませんか？

できない営業は ▼ 楽して受注しようと考える

できる営業は ▼ 必殺技を使う

前項で述べた阻害要因排除からクロージングという基本とは別に、「できる営業」は**“必勝パターン”を持っています。このパターンに持ち込めれば高い確率で受注できる必殺技を持っているのです。**

8項で紹介したソフトウェア会社Yさんの勝ちパターンは、顧客の言葉に合わせた「修正デモ版＝顧客用にカスタマイズしたデモ版」を見せることでした。

Yさんいわく「100％の勝率ではないが、8割の確率で勝てる。多少手間はかかるが、失注してそれまでの苦労がまったく無駄になることを考えると、トータルで見たコスパはかなりいい」と言っていました。

先方都合で案件自体が流れてしまったケースでも、3年後に案件が復活して受注できたこともあったそうです。案件が流れた理由は、顧客側の都合で本業の設備投資を優先させたことでした。

提案に不満があったわけではなく、むしろ好印象だったため、再投資の余裕ができた3年後に、社長自らお詫びを兼ねて訪ねてきてくれたとのこと。他の案件と複合する形で受注額も大きくなるというおまけつきだったそうです。カスタマイズデモ版でしっかり琴線にふれる提案をしていたのが功を奏したのです。

個人向けの戸建て住宅を販売するN社のHさんの必勝パターンは、「モデルハウスへの宿泊体験」です。家は一生で最も高額な買物。本に書いてあるようなセールステクニックやトークだけでは決断してもらえません。設計図や3Dモデルはイメージをふくらませてくれますが、他社でも似たようなことをやっています。

Hさんの場合は、購入者の家族全員でモデルハウスに宿泊体験をしてもらうようにリードします。事前にさりげなく聞いた好みやテイストに合うように小物なども準備し、当日はスタッフ総出でお迎えしておもてなし。顧客が感動してくれるので、勝率は7割以上だと言っていました。

ソフトウェアと戸建て住宅。まったく違う商品ですが、**必勝パターンの共通点は、無料の「疑似体験」です。セールストークやテクニック、紙の資料だけではわかりにくく、顧客は購買に踏み切れません。無償お試しサービスなどで購入前に確認のプロセスを入れると、受注確率が高まります。**

どちらの事例も手間はかかりますが、それに見合うだけのリターンがあります。

「クロージングの強い営業」は、そのパターンに持ち込めれば、ほぼ受注できるという必殺技を持っています。自分の経験だけでなく、社内の成功パターンから学び、手間がかかっても再現しようとします。

「クロージングの弱い営業」は、必要な手間もかけずに、できるだけ楽をしようとします。もう一歩踏み込みが足りず、最終決断をスムーズに引き出せません。買う気満々の顧客に当たった場合なら特別な技がなくても受注できますが、そうした案件に当たる確率は低いです。

結局のところは、面倒くさそうでも、自分なりの勝ちパターンを一つ身につけるのが「できる営業」に近づく確実な方法です。

勝ちパターンで成功体験を創り自信を持たないかぎり、毎回手間のかかる競合とのコンペ案件で苦労しなければなりません。

営業の正解 20
顧客の不安をなくす、必勝パターンを生み出す

タイム
マネジメント
21

貴重な時間を大切に使えていますか？

できない営業は ▼ その日の行動予定がわからない

できる営業は ▼ 時間を見える化する

「時間は誰にでも与えられている平等なリソースだから、大切に」と言われます。その通りだと思いますが、「できる営業」は具体的にどうやって大切にしているのでしょうか？

意外と見落とされがちなのがスケジューラーです。スケジューラーに入力するのを面倒くさがる人は多いもの。時間を大切にという割には、スケジューラーを活用し、タイムマネジメントを実践している人は少ないのです。

スケジューラーを活用する目的は二つあります。一つは、自分の行動予定を組織に

共有するため。もう一つは、自分のタイムマネジメントを行うためです。

自分の行動予定を組織内で共有するのは営業の義務です。行動予定を見える化することで、どの顧客を訪問するのかがわかり、上司やチームメンバーからも信頼されます。

緊急対応があり連絡がつかない時も、行動予定が把握できていれば、代わりに同僚が本人から顧客にいつ頃連絡ができるかを伝えて、助けてもらうことができます。

まだ紙の手帳を使い続けている人もいますが、多くの「できる営業」はスケジューラーをうまく活用しています。まず、顧客とのアポ調整がその場でスマートに行えます。打合せの再調整などスケジュールは目まぐるしく変わります。そのたびにやることも変わります。スケジューラーを使えばその修正が簡単にできます。

手書きの手帳では書き換えるだけで大変です。スケジューラーであれば予定を動かすのは簡単。「できる営業」は、「メリットを知ると、もう紙には戻れない。紙の手帳はもう10年以上使っていない」と言います。

「できない営業」は、面倒くさがってスケジューラーにほとんど入力しません。いまだに黒板やホワイトボードに「直行NR（ノーリターン）」とだけ書いているところもありますが、これではその日何をやるのかまったくわかりません。

「営業は外出しているので、何をやっているか見えない」というのは、他部署からの営業への不信感を表す典型的な言葉です。面と向かって言ってくる人はいませんが、「予定のわからないできない営業」の行動は、裏では「あの人は何をやっているのだろう?」と社内で疑いの目で見られています。

顧客にもばれています。電話をして不在の時に帰社時間をたずねても、「わかりません」という対応をとられると、「この会社はスケジュール管理もできていないのか」と不審の目で見られます。こういうところでも、少しずつ信頼関係が崩れていきます。

組織に働く者の義務としてスケジュールを共有するのも大切ですが、2番目の活用目的として取り上げた自分のタイムマネジメント、という視点はもっと大切です。

スケジューラーに顧客訪問だけでなく、資料作成やクレーム対応、社内会議など、必要作業も登録して見えるようにするだけで、自分がいったい何に時間をとられてい

るのか、把握できるようになります。

「優先順位をつけろ」ともよく指摘されますが、スケジューラーの中でやりくりすることで、自然と優先事項が整理できます。スケジューラーの中で、やるべきことを具体的に登録して、限られた時間を見える化することが、タイムマネジメントのスタートになります。

あまり重要視されないスケジューラーですが、入力が徹底されている組織であれば、初期レベルの見える化ができているとも言われます。

スケジューラーを通して、営業の行動パターンが周囲から意外と見られていることを意識した方がよいと思います。スケジューラーは、がんばっていることをアピールできるツールでもあるのです。

営業の正解 21

打合せだけでなく必要作業も、スケジュール化する

タイム マネジメント 22

計画的に営業できていますか？

できない営業は ▼ スケジュールがスカスカ

できる営業は ▼ スケジュールがビッシリ

スケジューラーを見れば、誰が「できる営業」なのかすぐわかります。

「できる営業」のスケジュールは、ビッシリ埋まっています。顧客との打合せだけでなく、提案準備や社内関係者との調整打合せ、自分の資料作成など、必要なことを細かくスケジュール化しています。スケジューラーを使っていなくても、手帳はビッシリ。それ以外にも備忘録メモも書き込んであるので、パッと見て黒っぽく見えます。

片や「できない営業」のスケジュールは、スカスカなので白っぽく見えます。顧客との打合せが2、3件、あとは社内打合せが1、2件程度。やるべき事前準備や提案資料作成もあるはずですが、作業時間は登録されず、空白のスペースが目立ちます。

多忙をきわめる通信系会社N社のTさんにスケジューラーの入れ方で工夫していることは何か聞いてみました。いわく「まず、次回訪問を2週間先に入れます。提案であれば、そこから逆算して、資料準備時間も適当なタイミングで入れます。調べたりする時間や社内相談などもスケジュール化します」。

2週間というのは先すぎる気もしたので聞き直しました。答えは「1週間だと事前準備が必要な場合に余裕がもてないのです。かかえている他の案件にも対応しなければならないので、2週間間隔の訪問頻度がちょうどよいのです」とのこと。

さらにスケジューリングを2週間先から行う「計画営業」のコツも教えてくれました。「最初は何も予定がなくても、がまんして2週間先からスケジュールを入れ始めることです。そして、準備や社内相談などの関連タスクもスケジュール化します。2～3週間もするとスケジュールが埋まってくるので、計画営業のサイクルが回り始めます。ただし、スケジュールは詰めすぎないように注意してください。予定外のことが必ず起こるので、2時間程度は余裕をもたせておくのがおすすめです」

営業はやることがたくさんあるので、頭の中だけで処理しようとすると、整理がつかず漏れや忘れも必ず発生します。クレームや緊急対応、すぐ来てくれというような顧客からの予定外の呼出はしょっちゅうです。

ところが何かに書き出してみると、思ったほどでもないことに気づきます。ただ、「1週間後に連絡する」とか「この日までに頼まれていた資料をメールする」といったタスクは忘れやすいので、スケジューラーにやるべきアクションとしてスケジュール化（入力）しておくのが、「タイムマネジメントのできる営業」のやり方です。

タスク管理といえばTODOリストが一般的ですが、「TODOに入れたタスクはいつまでたっても処理されない」という法則があります。入れただけで満足せず、一歩進めて具体的なアクションまで落とし込むことが、タスク管理のポイントです。

問合せをすると、「今日でも、明日でもいつでも大丈夫です」と言って、すぐ来る営業もいますが要注意です。「できる営業」に当たることはまれです。

顧客はそんな「ヒマな営業」から買いたくありません。頼んだことにしっかり対応してくれる「適度に忙しい信頼できる営業」に担当してもらいたいはずです。

営業の正解 22

売れる営業になりたいのなら、スケジュールは2週間先から入れる

「計画営業ができる営業」は、ヒマではないので、特に急ぎだという要望がなければ、1～2週間先の調整になります。どうしてもということであれば、忙しい中でもやり繰りして、臨機応変に対応できます。

「予定のないその日暮らしの営業」は、目先のことに振り回されてしまうので、計画性がありません。資料も当日に慌てて用意しようとします。外出前にバタバタしている営業がそのタイプです。これでは、忘れ物、準備不足や質の低い対応を繰り返す悪いサイクルから抜け出せません。

スケジューリングの大切さを意識し、計画営業を心がけることで、タイムマネジメントができ「時間をコントロールできる営業」に変身することができます。

提案作成は効率化できていますか？

できない営業は ▼ ゼロからつくりたがる

できる営業は ▼ 類似提案を探す

「できる営業」は、資料をゼロから自分でつくろうとしません。提案の時も、いきなりパワーポイント（以下〝パワポ〟）をつくり始めません。まず、何かベースにできそうな既存資料がないか探します。過去似たような提案をしていれば、それを参考にした方が早いからです。簡単にいうと、できるだけパクろうとします。

「できない営業」は、類似提案を探そうとしません。なぜかゼロからつくりたがります。そのくせ放っておいて、期限ギリギリにやろうとします。直前に慌ててつくった資料はすぐわかります。ちゃんと準備できていない提案は底が浅く刺さりません。

「パクる」というと語感は悪いですが、スポーツなどその道の達人の常道です。質を担保しながら効率化する賢い工夫の一つ。学ぶの語源は真似ぶ（まねる）です。芸の道における学びの基本は「習＋守破離」。まず型を習う（真似する）ところから始まります。「イノベーション」もパクリの一種です。

創造的といっても、すべてゼロから創造するわけではありません。イノベーションは新結合、すなわち、既存の知識や技術をくっつけて新しい価値を生み出すことです。

提案であれば、よい提案を基本の型としてパクる。案件ごとの背景や条件に合わせて言葉を変え、少しオリジナリティを出す。これが時間と手間をかけずに、それなりの提案の質と効率を両立させる「できる営業」の提案テクニックです。

受注のためにはよい提案が必要ですが、提案書作成は営業のメインの仕事ではありません。あまり時間をかけずに効率化を図りながら、それなりの提案レベルを目指します。

全国で支店を展開する大手旅行会社J社のFさんは、地方の仕事は〝時差商売〟で十分いけると言います。大手とはいえ、Fさんの支店は数人しかいないので提案の専門家はいません。そこで、東京本社の提案情報が集まる部署にいる同期に電話してよい資料がないか相談し、参考になりそうな資料をメールしてもらうそうです。

東京では新鮮味のない使い古されたネタでも地方とは情報格差があるので、この「時差商売（時差提案）」でほとんどカバーできると言います。上手なパクリ方です。

東京でなくても、地域のハブになる部署などに、情報源となる人を見つけて普段から仲良くしておくことです。「提案ができる人」は内心そのことを自負しているものです。教えたがり屋タイプもけっこういます。「教えてください」と素直に下手に出れば、すんなり教えてくれることも多いです。

ただし、その人に助けてもらったこと（情報元であること）は周囲に伝え、お礼の気持ちとして協力してくれた人のプライドをくすぐることは忘れないでください。

同じ会社ですが悪い例もあります。地域は別ですが、本人の許しもなく勝手に資料を拝借してしまい、自分でつくったふりをした不届きな営業がいました。苦労した資料を無断で盗まれたので、相手の人は二度と教えてくれなくなりました。噂はすぐ広まり、社内での提案情報の共有化がその後難しくなった時期があったそうです。

営業の正解 23 提案はゼロからつくるな、パクってカイゼン！

「提案ができる人」の提案やノウハウは大切な知的資産です。社内とはいえ著作権と同様の敬意をはらい、オリジナルの作成者や参照先を明記するなど、リスペクトを持って知恵をお借りするのが人としての礼儀です。

正しい作法に従った提案書の社内再活用は、立派なナレッジ・マネジメントです。既存の提案ベースに新たな要素を加えることで、さらに提案レベルの底上げを図ることができます。

反対に、礼を欠いた盗作はやめてください。「これぐらいいいだろう」と軽く考えるかもしれませんが、ルール違反です。お互い疑心暗鬼になり情報共有が難しくなります。信頼を築くには時間がかかりますが、失うのはあっと言う間です。一度切れた情報共有のチェーンをつなぎ直すのは容易なことではありません。

資料づくりではどんな工夫をしていますか？

できない営業は ▼ 資料作成に時間をかける

できる営業は ▼ 100点を目指さない

資料づくりに時間をかけすぎるのは、営業ではほめられません。どの会社も問題視しています。営業にはもっと顧客との接触時間を増やしてもらいたいのです。

典型的な例はパワーポイントの作成に凝って時間をかけすぎてしまうことです。たった一枚のパワポに2～3時間かける人はどこの組織にもいるものです。この話をすると「うちの会社にもいるよ」とほとんどの会社の人がうなずきます（「28 自分の強みを自覚していますか？」に掲載した164ページの図も参照）。

しかも、どれだけ時間をかけても、実際には顧客にはあまり見てもらえません。作る側は一言一句、図の配置などにも気を遣いますが、顧客は考えているほどは細部を見ていません。自分が提案を受ける時のことを思い出せばわかると思います。

「できる営業」は資料づくりでは、100点を目指しません。60点でよしとします（〝60点主義〟）。合格できて、かつ恥ずかしくないレベルであればよいと割り切っています。見栄えより重視するのは、相手が求めるポイントに沿ったズバリの提案をすることです。

「ページ数の多すぎる資料は読まれない」という絶対的な法則があります。50～100ページもあると、すべては覚えられません。ポイントがぼけてしまうのです。特に忙しい決定権者は1～3枚くらいの資料を好みます。質問が予想される場合には、そこだけに答える別紙を用意して対応すればよいのです。

実際に「できる営業」の提案資料なども見せてもらいますが、枚数は意外と少ないようです。少ない場合は5～10ページ程度。それなりの枚数を顧客側から求められる場合でも、20～30ページ程度でしょうか。その際も、新たに書き起こすのは数ページで、あとはすでにあるネタの使いまわしで効率化しているようです。

ただ、60点でOKしてもらうためのちょっとしたコツがあります。まず、30点レベルのたたき台をつくって、こんな感じでよいか顧客に確認する相談プロセスを入れます（〝30点相談〟）。そして、コメントしてもらったアドバイスをもとに60点くらいの提案を行います（〝60点提案〟）。

その後、顧客の追加コメントなどを反映し推敲を行いながら、一緒に提案を完成させるイメージです。

整理すると、**「30点相談→60点提案→共同推敲→提案完成」**という流れです。こういった顧客との共同作業型の提案ができると、ズレがほとんどありません。たたき台の段階から確認してもらっているので、完成した提案は顧客のニーズにフィットしたものになります。

一緒に推敲してもらっているので、提案の本質とは関係のない、どうでもよいディテールは気になりません。

枚数も適度に収まります。不要なページをつくる必要がないからです。ポイントがハッキリしていないと、あれもこれもと入れたくなりますが、枚数が増えるほど読む側にとっては負担になります。

作成時間も、中間チェックの時間を差し引いても、トータルでは減らせます。

資料作成の工夫として「手っ取り早くパクる方法」と「60点主義」を紹介しましたが、もちろんそれだけでは「できる営業」とは言えません。このやり方だけだと、すべての案件には対応できず、そのうち顧客にも底が知れてしまいます。

「できる営業」は資料作成には時間をかけませんが、準備プロセスは大事にします。

普通の本ならそこから入るところです。順番は逆かもしれませんが、次の25項では、提案準備の流れを紹介します。

営業の正解 24

30点・60点の相談・確認プロセスをはさむ

提案で失敗しないための準備を行っていますか？

できない営業は ▼ **提案間際に慌てて準備する**

できる営業は ▼ **逆算して準備を進める**

「できる営業」は時間が許せば、自分でよい提案をつくることもできます。片や、顧客との接触時間を増やすためには、他の仕事、特にデスクワークなどの時間をできるだけ減らす工夫が求められます。

複合機メーカーK社の営業本部長を務めるFさんは、口は動かしますが自分で手は動かしません。以前は自分で提案を書いていました。自分でやった方が早そうな時もあり、正直を言えば時々イライラするのだとか。でも、立場上やってはいけないことだと自覚し、じっと我慢してアドバイス程度に留めているそうです。

彼が大切にしているのが、**「提案で失敗しないための準備プロセス」。提案のタイミングから逆算して手順を明確にした上で、徹底させています。**順を追って説明します。

(1)提案日からの逆引きスケジュール
提案のタイミングから逆算して、「社内打合せ」「1st／2ndレビュー」「修正～最終確認」といった必要事項と準備スケジュールを確認。そして、スケジュール化する。

(2)社内協力者との打合せ
技術サポート／製品開発／コンサルティング部門など社内協力者との打合せを設定、案件概要と顧客ニーズを説明の上、協力を依頼する。

(3)類似提案の有無
イチから提案をつくり始めるのではなく、まず類似提案がないかを確認。ある場合は、それをベースにして提案作成の効率化を図る。

(4)概算見積
類似案件を参考にして、見積フローとフォームに従い概算見積を作成。

詳細見積作成のために、顧客に確認すべき必要事項もまとめておく。

(5)スケジュール案

価格だけに目を奪われがちだが、顧客要望にできるだけ沿えるよう、社内協力部門のリソース状況を確認。スケジュール作成フォームに従い、プロジェクトのスケジュール案を作成。スケジュールは顧客をリードするための大切な俯瞰図なので、上司にも相談、確認しながら作成すること。

(6)上司確認・同行

顧客側の出席予定者を確認。部長以上が同席の場合は、案件状況、提案ポイント、阻害要因などを報告の上、上司同行を依頼。

上司も提案を担当まかせにせず、決定権者の意向をきちんと確認しているのか、提案のポイントにズレがないかなど、人財育成の視点も持ちながら、提案で失敗しないようにサポートする。

この準備プロセスの裏には、苦い失敗談があります。Fさんが中途入社して初めての提案の時のこと、まずは勉強と思い事前確認も十分せずに本番に臨みました。結果は提案内容がボロボロで悲惨なことに……。もちろん失注です。

原因は単純です。提案内容、説明ストーリーなど事前のすり合わせが全然できていなかったからです。以来、同じ過ちを二度と犯すまいと肝に銘じました。そのために考えた準備プロセスをルーティン化して、部のメンバーにも共有したのです。


紹介した準備事項は全部基本的な話です。でも実際はこういったことを軽んじて、提案間際になって慌てている「できない営業」をどの組織でも見ます。

一方で、「できる営業」は、提案に向けた準備プロセスの徹底化に余念がありません。余裕をもって準備を終わらせ、前日や当日に慌てることはありません。提案で失敗したくなければ、一流のプロ選手のようにルーティン化したい成功特性です。

営業の正解 25
提案に向けた準備プロセスをルーティン化

提案・プレゼン 26

誰に提案・プレゼンしていますか？

できない営業は ▼ **担当者だけに提案する**

できる営業は ▼ **決定権者向けにこだわる**

提案・プレゼンが重要なことは言うまでもありません。受注できるかどうかの重要な山場です。提案・プレゼンは「担当者向け」と「決定権者向け」の2つに分けるのがおすすめです。ですが、このことを明確に意識している営業は多くはいません。決定権者向け提案・プレゼンに臨む前に、必ずチェックしなければならないのは「決定権者が求めるポイントの確認」です。

また、細かいところですがプレゼン環境などの基本事項の「事前確認」も忘れがちなので、漏れのないように徹底させたいところです。

「できる営業」が特に気をつけているこの2点について詳しく解説します。

●「決定権者が求めるポイントの確認」

担当者向けの提案・プレゼンも大切です。しかし、それだけで満足せず、決定権者向けに同じ内容の提案・プレゼンを行うことがもっと重要になります。これができれば、受注の確率はぐっと高まります。

決定権者が求めるポイントを事前に確認した上で、それに沿った提案を行うのが、受注確率を上げる勝利の方程式です。

「できない営業」が陥りやすいワナがあります。客先担当者の言葉や情報のみを信じて案件の読みや提案を行うことです。客先担当者から提案内容が決定権者に正しく報告されているという保証はありません。また、決定権者が求めるポイントと客先担当者が重要と考えるポイントがズレている場合も往々にしてあります。

必ず、決定権者（実質的な決定権者の確認も必須）や旗振り役の意向を確認すること。客先担当者の間接的なコメントを鵜呑みにせず、決定権者本人の生の声を聴く機会を持つことです。営業担当だけでなく、上司を巻き込み決定権者に面談し確認するのがベストです。

●「事前確認」

事前準備も怠ってはなりません。必要事項をメモしておき、提案・プレゼンの前日までに確認することを習慣づけるのが大切です。「できない営業」は、当日出発前に慌てて準備する悪いパターンが多いので要注意です。

こういった事前準備は、基本的には前日までに余裕をもって終えておき、当日は再確認程度にとどめます。必要事項をリスト化してチェックさせ、何回も繰り返して覚えさせることを徹底している会社もあります。

ちなみに、事前確認として準備しておくべき事項は、次の7つになります。

①客先担当者の要望 ＋ 決定権者向けに強調すべきポイント　②出席人数　③デ

モ・プレゼン環境（Wi-Fi環境等） ④印刷物 ⑤同行してもらう上司との相談と確認 ⑥パートナー・社内同行者確認 ⑦その他注意点

「できる営業」は、以上の2つの確認を特にしっかりやります。とくに「決定権者が求めるポイントの確認」については、ヒアリングの初期段階から必ずチェックします。さらに、提案・プレゼン前に再確認します。

決定権者が求めるポイントは1～2点に限られています。シンプルな言葉で意図が漠然としているケースも多いのですが、具体的にどう答えるのか真剣に考えるようにしてください。ポイントを外さないよう、客先の担当者とも連携してください。

営業の正解 26 担当者と決定権者向けの提案・プレゼンを分けて考える

生産性アップが課題ではありませんか？

できない営業は▼ 営業以外の仕事に手が取られがち

できる営業は▼ 攻めだけでなく守りも意識する

営業強化という話になると、どうしても攻めの営業の話に走りがちです。本当はその前に、「本来の営業の仕事」に集中できるように、営業の負荷を減らす必要があります。業務の効率化を図り、生産性を向上させる〝守りの視点〟も重要なのです。

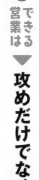

営業力アップのためには、「顧客との接触時間」を増やすことが必須です。しかし、営業担当が本当に営業のために使えている時間は想像以上に少ないという問題があります（これについては「42〝本当の営業〟に時間を使えていますか？」で詳しく説明します）。

「目標を達成しろ」「顧客への訪問を増やせ」「優良案件を増やせ」と言われても、事務処理やクレーム対応など、本来注力すべきこと以外の業務に手が取られているのが現場の実情です。

現在の営業現場はみな忙しくしていて限界に近い状況なので、営業を強化する場合は、トップセールスのやり方の見える化だけでなく、業務効率化のための見える化も並行して（理想的には先行して）、検討しなければなりません。

具体的には、営業にヒアリングや提案などの、本来集中すべき仕事（＝大切なプロセス）に集中してもらうために、事務処理などの負荷をできるだけ減らすことです。

取扱件数が増えると事務作業も増えるので、「業務の効率化」に取り組まないと、ある時点で営業担当の負荷が限度を超えてパンクしてしまいます。

それを防ぐためには、「現在のリソースを活用した分業・チーム制などの仕組みによる効率化を図る」ことが現実的な解となります。

クレジットカード会社A社の解決ステップ（思考）を紹介します。

(1)営業一人にすべての事務作業をさせると、得手不得手があるので非効率的になりやすい。結果的に本来の新規加盟店開発や既存加盟店フォローが手薄になる。
(2)事務処理は、事業部の後方支援部隊／業務部／アシスタント／パート／アルバイトで分業して対応し効率化を図ること。
(3)まずは、営業に顧客との接点を増やしてもらうために、例えば、申込後の事務作業など本来営業がやるべき加盟店訪問を邪魔しているプロセスはないか、精査を行う。
(4)そのために、取扱件数のボリュームや営業担当の負荷を見える化し、分業・チームで対応する体制を整える。業績のよい営業ほど案件数が増え、負荷は当然増えるので、支店長が状況を把握し、一人で抱え込ませないようにする支店マネジメントも大切。
(5)支店によっては、事務処理専属担当はいないところもある。その場合は効率化のために、現在のリソースを活用した分業やチーム制の検討が必要。支店ごとに一人常駐させるのは無理でも、提案資料作成、マーケティング、本部報告資料作成などのタスクを集中管理対応する分業体制を構築することが、初歩的な効率化の案になる。
(6) 少人数でも申込関連の事務処理をうまくこなしている事業部や支店があれば、やり方をヒアリングして、他の支店にも見習うべき事例として横展開を行う。

ポイントを汎用的な表現で2点にまとめ直すと、以下のようになります。

★受注・契約後の事務処理やクレーム対応を効率化～負荷軽減することで、業務の負荷を減らす。
★営業の成果に直接結びつかない事務作業からできるだけ解放することで、創出できた時間で本来やるべき顧客との交渉や提案に集中してもらう。

営業の正解 27 仕事をパンクさせないために、事務作業の負荷を減らす

自分の強みを自覚していますか？

できない営業は▼弱みを直そうとする

できる営業は▼強みを活かそうとする

前項の「本来の営業の仕事に集中するために、事務処理などの負荷を減らす」という考え方は、本来は〝組織的分業〟というマネジメント的な話です。ただ、現実的には組織的分業ができている会社ばかりではありません。

上が動いてくれるのを待っているわけにはいかないので、「できる営業」は自発的に、あるいは、必要にかられて、「やるべきこと」に集中できるように〝セルフ分業〟の仕組みを工夫しています。

担当レベルのことだけを考えているようでは「できる営業」にはなれません。上司の考え方＝マネジメント的な考え方を学び、理解しておくことも「できる営業」の条件の一つです。ここでは人の強みと弱みをうまく活用するマネジメント思考にもふれます。人にまかせる仕組みをつくるために参考になるタイプ分析も紹介します。

営業に限りませんが大切なのは、**「人の強みを活かしながらその欠点をどうやって補うか」**ということです。全員が業務のすべてを高いレベルでこなすことができれば苦労はありませんが、それができる社員は限られます。

「強みもあるが欠点もある人をどう活用するか」というのが現実的な考え方です。

よくいる営業の3つのタイプを例にとってみましょう。

Aさん…フットワークが軽く「新規開拓」や「商品説明」は得意だが、「提案・プレゼン」が弱いため商談を落としてしまうタイプ

Bさん…「条件交渉」にはめっぽう強いが、夜の飲み会が大好きなため朝寝坊がちで「新規開拓」が手薄になりやすいタイプ

Cさん…口下手でなぜ営業に配属されたのかわからないが、「提案資料作成」はピカイチで仲間に頼られているタイプ

よくいる営業の3つのタイプ

すべてができる
社員は少ない

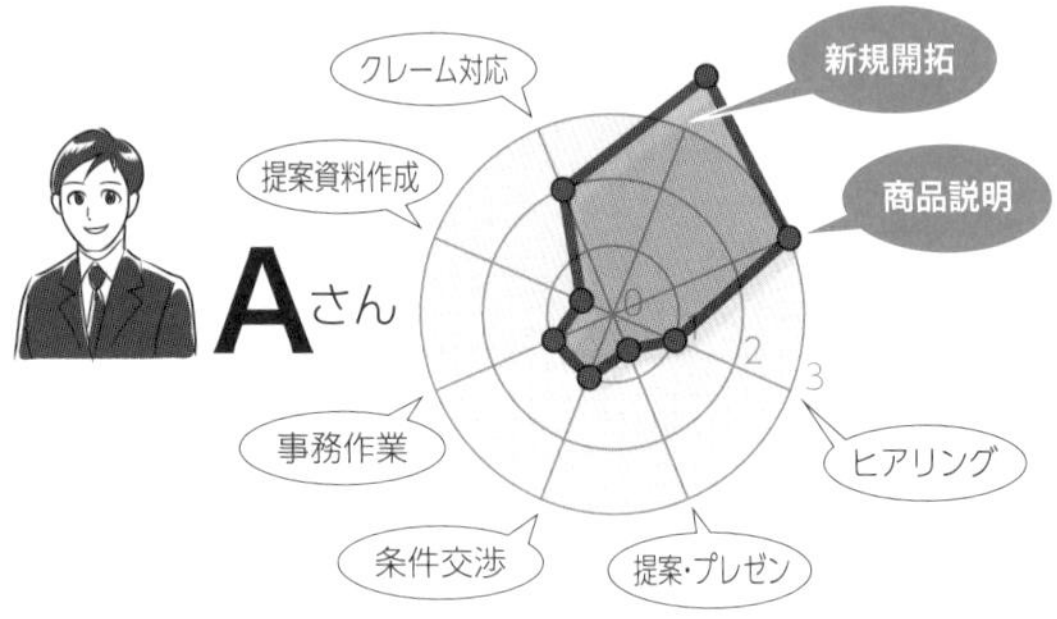

得意・不得意な活動は
自然と行動に現れる

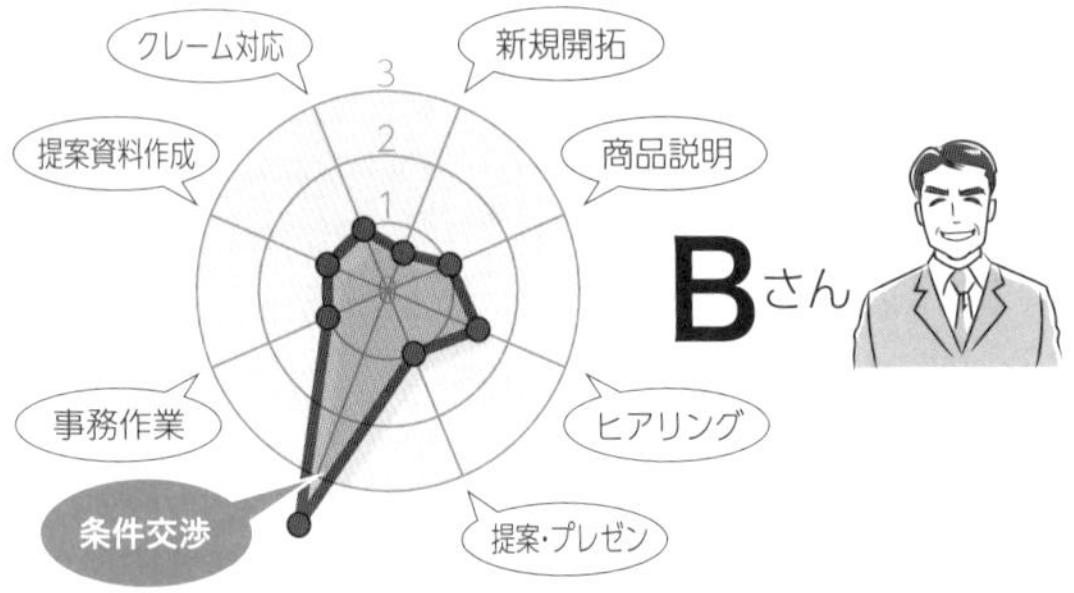

感情論を排除した
適材適所の実現

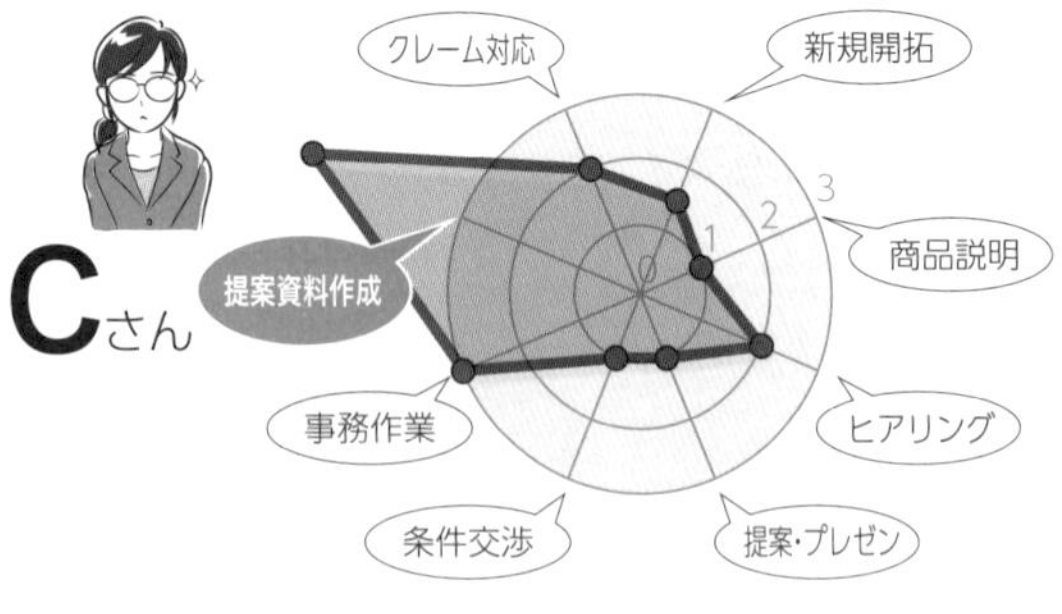

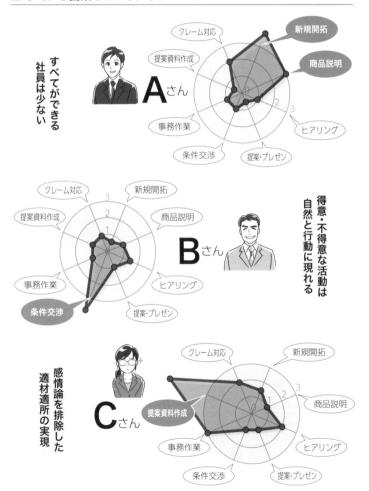

今までのやり方だと、上司はAさんの提案力のなさを責め、Bさんのお酒をやめさせ、Cさんのしゃべりをうまくさせようとしますが、効果はあまり期待できません。人の弱点を直すことは難しいので、手間をかけても見返りは少ないからです。

ではどうするかというと、各人の強みを集めてチームにすればよいと考えます。顧客の受けがよく新規開拓が好きなAさん、条件交渉に強く案件クローズで頼りになるBさん、そして提案資料作成が得意なCさんを、一つのチームにするのです。そうすれば、お互いの強みを発揮しながら弱みを補い、営業の結果を出しやすくなります。

今まで一人ひとりの達成率は50％であっても、３人の力を合わせることで２００％以上の結果を出すことが可能になります。このように、人の強みをチーム制や分業制という仕組みと併せることで、人を活かすことができるのです。

精密機器メーカーY社の役員Mさんから聞いた『1人の２００％より5人の80％』という話を紹介します。

Y社では、成果主義を導入していますが、うまくいっていません。Mさんが考える解決の糸口は、**「チーム力の評価と教育の重要性」**です。キーワードは**『１人の**

200%より5人の80%』。つまり、1人のスーパーマンが200の仕事をこなすより、5人の社員が80の仕事ができるように教育することで、チームとして400の仕事をこなせるようにするという考え方です。

この教育のためには、まず土台をつくることから始めなければなりません。例えば、以前のように、飲み会なども含め上司と部下の関係を構築しながら、顧客との接し方、意見の出し方、社内調整の仕方などを教えていくことです。

さらに、会社が教育を人事評価の大切なポイントとして奨励することが、これからの時代には必要だと言います。管理者を含めた教育の重要性を認識し、成果主義によって失われつつある日本企業のチームワークという強みを取り戻すことが、これからも変化を続ける環境下で生き残る一つの鍵であることは間違いなさそうです。

営業の正解 28
苦手分野を人にまかせるセルフ分業の仕組みをつくる

個人力から組織力へ 29

社内の関連部門と連携できていますか？

できない営業は ▼ 他部門の悪口を言う

できる営業は ▼ 顧客のために頭を下げる

「できる営業」は結果を出すために、社内関係者との連携を意識しています。

社内連携が必要ということに対して反論する人はあまりいないと思いますが、実態は逆というケースがよく見受けられます。うまく連携ができていない（仲が悪い）ことは、顧客にはバレています。本人たちは意識しなくても、知らないうちに言動に出ているのです。

「できる営業」は、そのことを反面教師にして抜かりがありません。顧客に悪い印象を与えてしまうからです。結果的に案件を失いかねません。

「できない営業」は、社内でよい関係が築けていません。「うちの技術は困ったもので……」といった感じで、つい愚痴をこぼしています。

社内連携ができない会社に顧客は頼みたくありません。何かあった時に、組織的な対応をしてもらえるのか、不安があるからです。

連携が特に大切な3部門に関する「あるある話」を取り上げます。

●技術

ダメな組織では、営業と技術の関係がよくありません。お互いに悪口を言い合っています。

特に技術側からの不満をよく聞きます。営業のどこがよくないのか技術者に聞くと、次のような答えが返ってきます。

「簡単なことで呼んでほしくない。最低限の技術的なことは営業も勉強して欲しい」「確度の高い案件かと思って同行したが、まだ検討初期段階で、技術者が出るタイミングではない」「技術的な要望やポイントがぜんぜん聞けていない」「営業が相手のキーマンと関係ができていない」などです。

営業にも言い分があります。「技術の説明がわかりにくいので、顧客が納得してくれない」。例えば、技術力はあるが、客前に出せない技術者もいます。技術者の中にはビジネスより技術的な正しさの方に重きをおくタイプがいるのです。

顧客が理解できるかどうかは気にせず、難しい専門用語を使い、自分の言い分を譲らず、ひどい場合は顧客を怒らせてしまいます。

「できる営業」は、「できる技術者」に適切なタイミングで同行を依頼し協力してもらいます。タイミングの見極めはＢＡＮＴルールがおすすめです（ＢＡＮＴルールについては18項を参照）。

営業レベルを超える技術的な話の場合は、「できる技術者」を連れていき、素人でもわかりやすい言葉を使って説明してもらうのです。顧客は安心して商談を進めることができます。

「できる技術者」は、相手が理解できるやさしい言葉で難しい技術の話を説明できます。そういった「できる技術者」のことを〝歌って踊れる技術者〟と呼ぶ会社もあります。「できる営業」はこの歌って踊れる技術者と信頼関係を結び、技術的な説明が必要な場面で協力をあおぎます。

一方で、「できない営業」と同行する技術者はしぶしぶです。普段から信頼していないので、打合せでも何となく伝播してしまいます。顧客は自然と気づくものです。これまでのヒアリングから、「営業と技術の仲の悪い組織は業績が伸びない」という法則も分析できています。

●生産

メーカーの営業が負ける要因の代表的なものに、価格・納期・仕様があります。ですから、「できる営業」は生産部門に気を遣っています。信頼関係があれば、少々の無理な値引き、納期短縮、仕様変更にも応じてもらえます。クレームもうまく伝えることで、スペック改善や継続注文にもつなげ、生産部門からも感謝されます。

逆に不正確な情報ばかり伝え、迷惑ばかりかけている「できない営業」は信頼されず、頼みごとをしても聞いてもらえません。顧客の要望に応えることができず受注を逃す、という悪いスパイラルに陥りがちです。

失注要因として価格・納期・仕様ばかりを挙げる営業は要注意です。顧客との関係構築と同じくらい、社内の生産部門との関係も重要です。よい条件を生産部門から引き出せないようでは「できる営業」とはは言えません。

●マーケティング

営業とマーケティング部門（以下〝マーケ〟）は、本来は連携して一心同体で協力して動くべきなのですが、あまり仲が良くないケースも見受けられます。

営業は「もっといい顧客や案件を開拓してほしい」と文句を言い、マーケは「せっかく潜在ニーズを提供しているのに、営業がちゃんと育てないから売上が伸びない」とお互いに相手のせいにします。

最新のマーケティング理論を学んでいるので、営業を下に見てバカにしているマーケ担当者もいます。そういう気持ちは自然と相手に伝わるものです。

営業は「現場の泥臭さも知らず理論だけで営業ができれば苦労はない」と、マーケが立案する施策を信じていません。「使えない机上の空論」くらいにしかとらえていないので、徹底しようとしないのです。

営業とマーケの連携がうまくいっていないと、案件開拓がうまくいかず、顧客満足度も下がります。

顕著に表れるのがセミナー後のフォローです。リストがすぐ営業に共有されているか。営業はリストを受け取ったあとのフォロー（担当の割り振り、フォロー対応等）ができているのか。このあたりは営業とマーケがしっかり打合せをして詰めておくべき基本です。

連携がとれていないと、グレーゾーンなのでお互い相手がやるものと考え、対応が遅れ気味になっているというケースがよくあります。

営業の正解 29

顧客に愛想をつかされたくなかったら、社内と仲良くした方が得

第4章

《営業の正解・上級編》

「絶対的なエース」を目指す人へ

■社内で一目置かれる存在になったからと言って油断は禁物。現状維持は後退と一緒です。
他の営業に圧倒的な差をつけ、断トツ・絶対的な存在になるためのヒントをたくさん集めた章です。

本当に関係構築できていますか？(1)

できない営業は ▶ 飲みニケーションに頼る

できる営業は ▶ 一緒に課題を解決する

「できる営業」にとっても最も大切なプロセスは「ヒアリング」です。そして、次に大切なのが「関係構築」です。とはいってもその内容は曖昧で、関係構築というと「飲みニケーション」を連想する人が多いようです。

飲みニケーションを否定するものではありません。しかし、本来の関係構築とは、お酒に頼るものではありません。忘れてはならないのは、真の関係構築とは、課題解決を通じて行われるものだということです（関係構築については、第2章【相談への対応】とも関連）。

関係構築の度合いを客観的に測るおすすめの方法があります。「できる営業」は〝関係構築度〟を測る尺度を持っています。本当の関係を構築するために、顧客にどれくらい受け入れられているかのレベルを具体的に設定して、関係が進んでいることをチェックする簡単な表を使っているのです。

製薬会社E社の具体例を紹介しましょう。第1章でも説明しましたが、医薬営業のことを「MR」と言います。次ページの図はMRがドクターとの関係を構築する際の関係構築度＝コミュニケーションレベルを示した〝関係構築表〟です。

表の見方を簡単に説明します。

縦軸に、ターゲットとする病院のドクター名を、横軸に、そのドクターにどれくらい受け入れられているか関係構築度を測るための基準確認項目を置きます（一般的に言い換えると、縦軸が、関係を構築したい顧客のキーマン。横軸が、関係の深さを測るための具体的な目標内容になります）。

次に運用方法です。

■ドクターとの関係構築表

自分がドクターにどれくらい受け入れられているかの確認項目 / 病院名	ドクター名	1 あいさつをしてもらえるか	2 必要な時間を割いてもらえるか	3 話をちゃんと聞いてもらえるか	4 説明したことについて質問が出るか	5 薬の採用について具体的な話が出るか	6 ドクターの方から相談を持ちかけられることがあるか	7 私的なことも話してもらえるか
1 ○○総合病院	松山太郎	○	○	△	△	△		
2 ○○総合病院	今治次郎	△	△	×				
3 △△病院	宇和島三郎	◎	○	◎	○	○	○	×
4 □□クリニック	越智四郎	◎	○	◎	◎	○	○	△
5 ×× 内科	伊予五郎	×	×	×				

まず訪問前に、上司と部下がこの表を見ながら、ドクターとの関係づくりを進めるために、具体的にどうすべきか一緒に考えます。ドクターの医薬・医薬外ニーズの把握、アプローチ方法、用意していく資料準備などの具体的アクションを相談します。

そして、実際に訪問した後に、反応がどうだったか、関係が進んだのか、結果を共有して、うまくいっていないようなら、次の作戦を練り直します。こういった個別の対応策をドクターごと、訪問ごとに繰り返すのです。

この関係構築表を活用するポイントは、上司が横に座って一緒に考えるということです。次の31項で登場するK所長はこう教えてくれました。

★「自分で考えさせろ」と言うが全員には使えない。MRによる。関係構築度を深めるための手段を自分で考えられるMRとそうでないMRがいる。自分で考えられないMRの場合は、一緒になって考えるというケアが必要だ。

★その場合は、対面ではなく、横に座るようにする。一緒に考えるという姿勢を示すためだ。そして、そのドクターの人となりや求めていることを再確認し、アプローチするための切り口や人間関係図を絵に描かせる。情報提供者などからの情報も参考にしながら具体的な手立てを一緒に考える。

★そうすることで、最終的には自分で考えた時と同じように、自分ゴトとして考えられるようになる。

関係構築表の具体的な使い方の例を紹介しました。ここでMRの仕事について少し説明しましょう。

MRの活動は、病院のドクターに医薬情報を提供し、自社の薬を患者さんに処方してもらうことです。MRは一般の患者さんの邪魔にならないように、診察時間以外の昼休みや診療後の夜間にドクターを訪問します。

普段は気づかないと思いますが、裏口などの目立たないところで、順番待ちのスーツを着たMRがずらっと並んで待っていたりします。

ただ、長い間待ってもドクターに相手をしてもらえるのはたったの1~2分です。会ってもらえても、ドクターはMRの方をチラッと見るだけで目を見てまともに話してくれないことも多く、MR泣かせの〝瞬殺〟という言葉もあるそうです。

そんな短い時間ではまともな話ができるはずもなく、本来の仕事のミッションを果たせません。必要な時間を割いて話を聞いてもらうために、ドクターの求める医薬・医薬外ニーズを聴き出し、課題を共有してその解決に協力する。そういった少しずつ信頼を獲得していく関係構築のプロセスが必要になるのです。

関係構築という言葉だけでは抽象的です。人によって解釈も違うので、頭だけで考えても悶々とするだけです。決して派手なツールではありませんが、関係構築表は効果的です。

ターゲット、関係構築度、やるべきこと（アプローチ方法）がスッキリ整理できます。進捗も簡単に見える化できます。

医薬業界のMRの例を使って説明しましたが、**関係構築は営業だけでなく、ほぼすべての仕事に求められる最も重要な成功特性の一つです。**

関係構築表を参考に、自分の仕事用に言葉を変える、レイアウトを工夫するなどして活用してみてください。自分だけでは関係改善が難しそうな場合は、上司にも相談してアプローチの仕方を一緒に考えてみてください。

関係構築度を一つ深めるごとに小さな達成感が得られます。今までまったく相手にされずに悩んでいた顧客との距離が、階段を1段ずつ昇るように、しかし着実に縮まる実感を得られるはずです。

とは言っても、関係構築表を渡すだけで使える営業ばかりではありません。きれい事だけで営業は動いてくれません。そこで、実際にこの表を使って、顧客との関係性を劇的に改善させ、トップセールスに変身した事例を次の項で紹介します。

営業の正解 30

本当の関係をつくりたかったら、接待より課題解決

顧客との関係構築 31

本当に関係構築できていますか？(2)

できない営業は ▼ 小さな約束を平気で破る

できる営業は ▼ 関係を定義して測る

前項の続きで、実際に関係構築表を使って、ダメダメ営業から医師会で一目おかれる存在に変身したSさんというMRの興味深い話があります。印象的なエピソードなので、少し長くなりますが紹介します。

Sさんは医薬知識はあるのですが、小さな約束を平気で破るので信用されていませんでした。ドクターから出入り禁止を言い渡されたことも一度や二度ではありません。所長のKさんはそんな困った営業のSさんを心配していましたが、何度注意しても態度は改まりません。

そんなある時、事件が起こります。外部に提出する書類があまりにもいい加減なので、注意し修正させようとしました。提出期限は翌日なので徹夜で修正しなければなりません。上司としての責任もあるので、K所長もつきあうことにしました。

ところが、Sさんは謝るどころか、不満げに口答えしふてくされた態度です。さすがに堪忍袋の緒が切れたK所長は、Sさんを足で蹴飛ばしました。Sさんはもんどり打って椅子から倒れます（今ではパワハラであり、決して許される行為ではありません）。

相手は血の気の多い若手です。飛びかかってくるかと見構えていたK所長ですが、Sさんは倒れたまま起き上がってきません……。しばらく時間が経ち、ふと耳を澄ますとすすり泣く声が聞こえてきました。Sさんが泣いているのです。

「お前はこのままでいいと思っているのか？」

「何とかしたい」

Sさんも本心では何とかしたいと思っていたのですが、素直に相談できず悩んでいたのです。K所長は耳に痛いことも言いますが、部下への深い愛情のある人です。

K所長は問いかけます。

「俺についてくるのか？」

「教えてほしい」

とSさんはうなずきながら嘆願しました。

「ならまず、言われたことを素直にやってみろ。本気でやるなら俺もしっかりサポートするから」

ここからK所長とSさんの二人三脚での歩みが始まります。まずドクターとの関係を構築するために使ったのが、先述した「関係構築表」です。やりやすそうなドクターを選んで、2週間後の目標レベルを設定。具体的にどういうアクションを取ればよいか、二人で相談しながら決めて行動に移し、報告・確認を繰り返しました。

するとSさんに変化が起こりました。いいかげんさが無くなって約束したことを守るようになったのです。細かいところも手を抜かないようになりました。

それから1年ほど経つと、支店のトップセールスに大変身。Sさんの変化に感化され、支店全体の他の営業もレベルアップし、3年で売上が3倍になりました。

全社的にも同支店のノウハウは神格化されるほどに。この支店の出身者というと、一目置かれるようになったそうです。

本で紹介するための美しいストーリーと感じるかもしれませんが、すべて実話です。Sさんがトップセールスマンになれたのは、他のMRが疑心暗鬼で本気で取り組んでいなかった認知症の地域連携支援活動を、患者視点で一生懸命に取り組んだ結果です。

地域のドクターたちが求めていた医薬ニーズは、認知症患者を地域の関係者で支えるための連携支援の橋渡し役だったのです。この課題に応えることによって、Sさんはターゲットにしていたドクターだけでなく、地域医師会からの絶大なる信頼を勝ち得たわけです。

Sさんの変化を象徴する医師会での逸話もあります。医師会の会長が地域のドクターを集めた会合で言いました。

「Sさんは地域連携活動で忙しいので、みなさんのクリニックは回れません。でもわかっていますよね。Sさんは私たちのために動いてくれているのです。Sさんの数字を落とさないようにしてください」

普通のMRはドクターに時間を確保してもらうだけで苦労しています。ましてや医師会の会長となると別格です。その会長が「営業しなくても数字を落とさないように」という指示を、一人のＭＲのために出すというのは異例中の異例なのです。

前項の終わりでも書きましたが、関係構築表を紹介し効用を説くだけでは、現場は簡単には使ってくれません。ところが、この話をすると心に刺さるようです。多くの営業チームが自らが進んで活用するようになります。

「できない営業」に対しては、Ｋ所長のように愛情をもってサポートしてくれる上司が必要になりますが、一度だまされたと思って試してみてください。新たな逸話が生まれることを信じています。

営業の正解 31 本当に信頼されたかったら、関係構築表で行動を変える

顧客の本音の課題を教えてもらえますか？

できない営業は ▶ 考え方が売るモノ中心

できる営業は ▶ 課題というコトから入る

「顧客との関係構築が大事だから、関係構築度を定義して測って見える化する。関係構築は接待ではなく課題共有を通して」という関係構築の進め方を30～31項で展開しました。

この項目では、「課題共有を通して関係を構築するプロセス」をさらに掘り下げます。一言でいうと、顧客から課題相談を受けて、一緒に解決を目指すプロセスの中で信頼関係が構築されます。

〈顧客の話をよく聴く　↓　課題を共有する　↓　課題解決に協力する　↓　そのプロセスを通して信頼関係ができる〉という流れです。

課題をよく理解できていなければ、顧客と真の関係を構築することはできません。継続的な仕事も望めません。

「関係構築のための課題解決」というポイントはよく出てくるので、ここで「課題」を簡単に定義しておきます。**課題とは、商品やサービスを購入することによって解決できる顧客のニーズや悩みのことです。**

かつては「よい商品をつくれば売れる」という時代もありましたが、今ではもう通用しません。プロダクトアウト＝売るモノ中心の発想だけでは売れません。程度の差はあっても、**今は多くの会社が「課題解決型の提案営業」へシフトしています。商品の売り込みではなく、「コンサルティング営業」に近いイメージです。**

10年以上前から「ソリューション営業」という言葉は一般的になっていますが、言葉だけ変えても従来のモノ売り的な発想から抜け出せず、いまだに本当の課題解決提案ができていない会社も少なくありません。

頭ではわかっていても、実践しようとすると一番転換が難しい営業スタイルです。本書ではこの課題解決型の話がよく出てきます。

「課題」だけでなく「課題共有」のやり方についても、まとめておいた方がよさそうです。課題共有には4つのルートがあります。これまで書いてきたことを改めて整理します。

①ヒアリングを通じて課題を確認

売るモノの一方的な説明ではなく、相手が求めているコト＝ニーズは何か、ヒアリングで傾聴する。ここが関係構築のスタート地点になる（「11 ヒアリングでニーズをちゃんと聞き出せていますか？」（87ページ）に詳述）。

②相談に対応しながら課題共有

信頼されていれば必ず相談される。質問にきちんと答え、宿題に約束通り応える。100点満点の答えでなくても、課題解決に協力することを繰り返す。それが信頼獲得の確実なルート（「14 仕事に関係なさそうなことを相談されたら？」（99ページ）に詳述）。

③情報提供から課題を引き出す

顧客視点に立って情報提供を行うと、話が広がり課題を相談されやすくなる。普段から顧客が興味をもちそうなことを把握しておくと、課題共有の糸口を見つけやすくなる（同じく11項および14項に詳述）。

④ビジネスを継続する中で出てくる課題

信頼関係ができていれば、ビジネスを継続する中で、「こういうことができないか」「何とかならないか」という質問や要望が出てくる。漠然とはしているが、顧客自身もまだ明確に意識していない課題やビジネスのヒントを一緒に見つけることができる（14項に詳述）。

課題の具体例として、医薬営業の例を88～89ページで取り上げています。ご興味があればそちらもご覧ください。

その他にも課題例を各項目に散りばめてありますので、自分の仕事に当てはまりそうな例がないか探してみてください。

言葉や細かい内容は違いますが、すべての営業の課題の根幹にある大項目的なキーワードは、「業績アップ」「生産性向上」「コスト削減」「品質改善」「環境問題」「新技術の活用（IT、DX等）」「規制ルール変更への対応」といったところです。

営業の正解 32

4つのルートを意識すれば、課題共有はうまくいく

顧客との関係構築 33

顧客の課題を整理して正しい方向にリードできますか？

できない営業は ▼ **商品購入が課題だと思う**

できる営業は ▼ **本当の課題に気づかせる**

第2章【ヒアリングのコツ】で、課題パターンをまとめておくとよいということを指摘しました（87ページ以降参照）。課題を漠然と聞くよりも、課題をパターン化しておくと、課題が言語化・視覚化されます。わかりやすくなり、顧客をリードしやすいのです。

ポイントは、課題が予め整理されたうえでパターン化されているかどうかです。「できる営業」は効率的にヒアリングを進めるために、よくある課題パターンを10くらいにまとめています。

課題を聞くといっても、そう簡単ではありません。なぜならば、顧客自身も課題を正確に把握していない場合が多いからです。「課題は何ですか?」と聞かれても明確に答えられないことは珍しくありません。

よくあるのは、流行りの商品やサービスの導入が課題だと勘違いしているケースです。

課題がパターン化できている時の、ヒアリングのやり方と効果効能はこうなります。

(1)事前に、課題をパターン化して10くらいにまとめ資料にしておく
(2)ヒアリング中にそれを見せながら、顧客自身に☑(チェック)してもらう
(3)課題のパターンが言語化されているので、同じ言葉で課題を整理~共有しやすくなる
(4)営業は課題を想定問答化して予め回答も準備しておくと、自然と売りたい商品にリードしやすくなる

ヒアリングが苦手な「できない営業」は、「課題をパターン化してください」と言

われると一瞬目が泳ぎます。いろいろ頭に浮かび整理が難しいように感じるようです。ところが、実際書き出してみると100も200もありません。よく話に出る課題は10くらい、多くても20くらいに収まります。

課題は頭の中で漠然と考えているだけだといろいろあると思いがちですが、整理すれば必ずパターン化できるものです。ヒアリングシートなどの資料にまとめておくと、相手の気づきや解決策に向けリードしやすくなります。

シートを見せて顧客に選んでもらうのであれば、営業の能力も関係ありません。

最初は少し戸惑うかもしれませんが、顧客の課題を10個程度にまとめてみてください。**気をつけてほしいのは、売りたいモノの導入は課題とはしないことです。**商品・サービスはあくまでも顧客の課題を解決するためのソリューションです。

課題トップ10を具体的に示しながら、顧客と一緒に課題を探ろうとすると、それまでにはない顧客の反応が返ってくるはずです。

課題をパターン化するやり方も、参考までにガイドしておきます。

(1)過去の提案書やアンケートなど、課題分類のヒントになりそうな資料を見直す
(2)共通する項目を10個くらいの課題分類に整理して、短い言葉で表現する
(3)ヒアリングシートの質問項目を、ペライチ（A4一枚）に資料化する
(4)実際のヒアリングで使いながら、ブラッシュアップを繰り返す

顧客課題を解決する前に、自分たちの営業課題の解決が先かもしれません。

課題をまとめるイメージを持ってもらうために、「営業課題のトップ10」をまとめてみましたので、参考にしてみてください。

①新規顧客開拓を強化したい
②属人化している営業ノウハウの共有
③Withコロナ時代への対応
④営業効率化・生産性向上
⑤分業やチーム営業による組織力強化・負荷軽減

⑥結果を出すためのプロセスの標準化・見える化
⑦人財育成（マネージャー・営業部員の底上げ）
⑧営業の実態や案件の進捗が見えない
⑨精神論・根性論から科学的営業への転換
⑩DXツールの導入・入替・活性化

営業の正解 33

整理しやすくするために、顧客課題をパターン化する

高等戦術34

顧客の最大の課題は何ですか？

できない営業は ▼ 自分が売ることしか考えない

できる営業は ▼ 顧客の役に立つことを先に考える

「できない営業」は、自分が売ることしか考えていません。「できる営業」は、〝顧客の顧客〟を意識して提案します。顧客の顧客を一緒に攻める、つまり、顧客の業績アップに貢献することが、最大の課題解決による貢献です。

「棚割り」という言葉をご存じでしょうか？　コンビニや大手スーパーなど（以下〝量販店〟）では多数の商品が所狭しと並んでいます。商品を納めるメーカーは売れやすい場所の確保にしのぎを削っています。

飲料であれば、飲物ケースのドアの目線のちょっと上あたりが一番いい位置です。

書籍なら、10～20冊の本が表紙を見せて陳列されています。業界用語で面陳というそうです。面陳ほどは目立ちませんが、平積みもあります。それでも1冊だけの棚差しより目立つので売れやすくなります。

大手飲料メーカーK社のケースがわかりやすそうです。かつてK社は飲料市場において圧倒的なシェアを誇り、業界の王者として君臨していました。

しかし、ライバルのA社が大ヒット商品を発売してから市場におけるシェアを奪われ、業界シェアナンバーワンの座をA社に明け渡してしまいました。

業界を取り巻く環境を見ると、少子化や消費者の嗜好の多様化による影響があり、もはや売上の将来的な伸びは期待できません。横ばいか微減という状況です。「ここで抜本的な改革を行わなければ、ナンバーワンへの返り咲きはおろか、会社として危機に陥る」と、強い危機感を持ったK社の経営陣は、全社を挙げて「業務プロセスの大変革」に着手しました。

特に重要な部門は営業でした。営業部門における変革の目的として、「情報共有による営業力の底上げ」と「経常利益拡大路線への転換」を掲げました。

K社の経営陣がこの2つの目的を達成するために行ったのは、それまでの営業活動を見直して「提案型営業を強化すること」。そして、それまでの成果主義に基づく人事評価を見直して、「成果と活動プロセスで評価する仕組みをつくること」でした。

業界における提案型営業は、自社商品の飲料だけでなく他の食品も含めた売場づくりを、量販店に提案するというものです。

例えば、冬の時期のスーパーでは「今夜はあったかお鍋♨」と書いたPOPを掲げ、必要な食材をすべて揃えたコーナーをつくります。その日の献立に悩む来店客がセットで買い物をしやすいようにすることで、できるだけたくさんの商品を買ってもらおうという提案をするわけです。

営業担当者は、「お酒をたくさん買ってくれたら値引きします」というような古い営業ではなく、顧客である量販店の売上向上に役立つ様々な提案を行わなければなりません。それによって、顧客の売上に貢献し、自分たちの商品も売る「Win-Win」の関係を築くのです。

K社ではこの提案型営業を担当する営業部員底上げのために、「プロセスマネジメン

ト」と「プロセス評価」を導入しました。

この業界では自社シェアを伸ばすためには、4社しかいない競合のシェアを奪い取るしかありません。しかし、これは言葉で言うほど簡単ではありません。

競合も自分のシェアを守り、少しでもアップさせるために必死なのです。少なくとも半年、場合によっては1年以上、長い時は3年という時間をかけて、根気よく競合の顧客を説得し、自社に鞍替えしてもらわなければなりません。

こういった時間のかかる仕事を、短期的な成果だけで評価しても、誰もやりたがりません。すぐに評価に結びつく目先の売上を追い求めるしかないからです。

そこでK社では、シェアを奪いたいターゲットを会社がまずリスト化し、次に、シェアを奪うための「プロセス」を明確にしました。

そして、会社が決めたプロセスに取り組んでいるのであれば、まだ結果の出ていない途中のプロセスも評価するようにしました。競合のシェアを奪うための地道ながんばりを奨励するように、これまでの評価のやり方を抜本的に変えたのです。

そのためにまず、提案型営業の「できる営業」のプロセスを見える化することから始めました。K社には日本全国に1500名ほどの営業社員がいましたが、その中から30人ほどの優秀な社員を選び、ヒアリングを実施したそうです。

彼らの活動プロセスを分析して「シェア拡大の勝ちパターン」を確立。それをもとに、営業プロセスの標準化を行ったのです。

これによって、同社のトップセールスの活動パターンを、他の営業にも共有することがやりやすくなりました。また、具体的な提案の成功例などの情報を共有できるITシステムも構築しました。

一方、人事評価については、成果指標と活動プロセス指標の比率を同等に「50%：50%」に設定しました。営業部門においては成果の評価は当然必要なので50%評価しますが、何とプロセスも成果と同じ50%にしたのです。「これまでの営業を変える」という経営メッセージを強く打ち出しインパクトを与えるためでした。

K社のこうした業務プロセスの変革は着実に効果を上げました。業績は好調を維持、特に経常利益の伸びが大きく、目標が達成されたのです。しかしまだ油断はできません。現在もA社と激しいシェア争いが続いています。A社だけでなく他の競合も虎視眈々とシェア拡大を狙っています。「プロセスマネジメント」と「プロセス評価」を軸とした努力を継続して更なる企業体質の強化を図らなければなりません。

営業の正解 34

「顧客の顧客」を一緒に攻めて、業績アップに貢献

「顧客視点に立て」。量販店の売り場担当は、数多くの商品の中からどれをどの場所に陳列すればよいか、棚割りを考え、ＰＯＳデータを使って日々検証しています。

「できる営業」はお役に立てるように、量販店の顧客である消費者と同じ視点に立ち、どういう売り場をつくれば量販店の売上が上がるか考えて本部に提案します。エリアの異なる他店舗でうまくいった成功例を紹介して横展開を提案します。

自社商品を売ることしか考えられない「できない営業」の出る幕はありません。

高等戦術 35

座席表を取ってこれますか？

できない営業は ▼ ややこしい調整は顧客におまかせ

できる営業は ▼ 社内調整のお手伝いをする

この話は業種・業界を超えた成功特性を、はっきり意識するようになった象徴的なできごととして第1章でも紹介しましたが、【高等戦術】の一つの項目として、改めて取り上げます。

「座席表を取ってこれる」。そう言われて、何のことだか見当がつくでしょうか？ピンとくる人は少数派だと思います。

精密機器メーカーY社の社長Kさんをヒアリングしていた時の話です。トップセールスとしての経歴をお持ちだったので、できる営業の見分け方を尋ねてみました。

すると、「一言でいえば、座席表を取ってこれるかどうかだね」というコメントが返ってきました。

それを聞き私はハッとしました。以前まったく同じセリフを、取扱商品が異なる別の会社のトップセールスから聞いたことを思い出したのです。そちらはパソコン周辺機器メーカーM社でした。

もう10年以上も前の話なので、今も同じセリフを聞くことはないと思いますし、同じ手法も使えないはずです。

その時にすぐは思い浮かばなかったのですが、あとで考えてみて、この2つの会社に共通点があることに気づきました。実は2社とも携帯電話を販売する大手通信会社に、部品を納入していたのです。大手通信会社というと数は限られますが、納入先自体は別な会社でした。

携帯電話は狭いスペースに精密部品を配置するため構造が複雑になり、通信会社と部品メーカーが共同で開発していくという営業・製造プロセスをたどります。

そのため、製造販売元である通信会社の関連する様々な部署との連携が必要になります。綿密な打合せや調整を繰り返し行わなければならないのです。

ところが、納入先の担当者は多忙でその時間があまりとれません。また、大会社にありがちなのですが、組織が縦割りになっていて連携が悪い。場合によっては仲も悪いので、担当者まかせにしていると、調整打合せの設定に手間取り、すぐスケジュールが遅れてしまいます。

営業し納品する側としては、早く社内調整をしてもらい、厳しい納期に間に合うようにできるだけ早くものごとを進めていきたいのですが、搬入先である部品メーカーが、納入先である通信会社の担当をそうプッシュするわけにもいきません。

そこでどうするかというと、**「できる営業」は担当者の代わりに、納入先の関係部署の説明に回り、社内の橋渡し役の代行を行うのです。**

その際に、いちいち関連部署の部署名や担当者名、連絡先等を聞いたり教えたりするのはお互い面倒なので、その手間を省くため「座席表」や「組織図」を手に入れる必要があるというわけです。

もちろん社内の機密情報ですから誰にでも渡せるものではありません。スピーディかつポイントを外さない対応で、それまで築いてきた信頼関係がある「できる営業」だからこそ、担当者の代理＝顧客の社内橋渡し役という重要な役割をまかされるのです。

こういった大きな組織にありがちな事情を背景に、「できる営業」が行っている影の努力。それがいみじくも「座席表を取ってこれる」という象徴的な言葉となって、違う会社の二人のトップセールスから語られたわけです。

コンシューマー向けの最終製品を販売する大手企業向けに部品・部材を納めるメーカーの営業にとって、参考になる成功特性の一つです。

（注）もう10年以上前の古い話なので、個人情報の取り扱いが厳しくなった今、座席表を手に入れるというやり方そのものは使えませんので念のため。

営業の正解 35

顧客担当の代わりに、橋渡し役として、社内調整を代行

高等戦術 36

大型案件を受注したい時はどうしますか？

できない営業は ▼ 正面玄関から攻める

できる営業は ▼ 裏口から攻める

どの営業も高額案件が喉から手が出るほど欲しいはずです。1件でその期の予算を達成できる、あるいは、社長賞を獲得できるようなでかい案件などです。

とはいっても、いきなり高額案件を受注するのはそう簡単ではありません。

システム営業を例にとると、それなりの規模の企業には特定のベンダーが入り込んでいます。彼らも大型案件や継続受注を勝ち取るために、関係維持・強化に日々努力しています。

一方、新規顧客開拓を目指す他社の営業は、システム再構築や新しいツール導入をきっかけに、何とかその牙城を崩そうとトライします。

基幹系システムなどの大型システムを乗り換えてもらえればかっこいいですが、そう簡単にはいきません。

それまでのシステム構築を通して、既存ベンダーは貸し借りの関係になっているのが普通です。その過程で人間関係もできています。競合はどんなにいい提案をしても政治力でつぶされ、既存ベンダーが継続受注というのは珍しくありません。


正面玄関から正々堂々と攻めるのも立派な営業ですが、別な入り口もあります。

〝アイスブレイク案件〟です。**アイスブレイク案件というのは、固い氷を溶かすように、新規顧客に入っていくための少額案件のことです。**

本格的予算獲得前の少額案件獲得のことが多く、100万円以下ぐらいの規模感です。本格的な投資は社内決裁を通して期初に予算化しておく必要のある会社も多いですが、余り予算でテスト的に購入する物品やサービスが対象となるイメージです。

システム関連では、ITツールのパイロット導入があります（チャットなどのコミュニケーションツール、営業系であればSFAなど）。課題解決型のコンサル営業などでも、簡単な講演、ワークショップ、先行事例調査等々、例を挙げればきりがありません。最初はあまり儲からないコンペ案件も、関係構築のきっかけになることもあります。2~3年かけて高額の随意契約に持ち込むなど、うまくすれば将来的に大きな仕事につなげることのできる種まき案件とも考えられます。

最初から大型案件が取れれば苦労はありませんが、競合とのコンペがありそれほど簡単ではありません。普通は厳しい予算の取り合いです。それなりの高額予算は、少なくとも1年くらい前から根回しをしながら予算化のステップを踏むのが通常です。

そこで、少額案件そのものでは儲からないが、アイスブレイク案件を取ることにより、まず実績をつくるところから始めます。すると、継続的な打合せの場が持てるため、課題ヒアリングも自然にできます。具体的な相談に乗りながら、より高額の案件につなげやすくなるというわけです。

必ずしも正面玄関からでなくても、裏口や脇道から競合との厳しいコンペを回避しながらビジネスにつなげることができます。知る人ぞ知る「できる営業」のテクニックの一つです。

この真の意図（からくり）を知らない人は、「そんな小さな儲からない案件を取ってどうするんだ」と近視眼的なことを言いがちです。正論のように思うかもしれませんが、ビジネスの本質がわかっていない証拠です。

アイスブレイク案件は、それ自体で儲けることが目的ではありません。少額でもお金をもらいながら営業できる有難い案件ととらえるべきです。

普通は営業や提案段階ではお金をもらえません。新規顧客に自然と入り込み、もっと儲かる案件の提案チャンスを得るための、営業コストの安い効率的なやり方なのです。

トップセールスと話すと、この手のアイスブレイク案件の話をよくしてくれます。ここではソフトウェア開発会社K社の事例を取り上げます。

同社は製造系のシステム開発をメインとする会社ですが、それだけでは戦う武器が少ないので、顧客との接点を増やすために、営業や経理系のパッケージソフトもラインナップでそろえています。

以下に紹介するのは、それまでは取引のなかった、金融機関に機材を納めるG社への提案を行った時の話です。

最初は新規開拓部隊の営業強化のソフトウェア導入の話からスタートしました。3か月限定のパイロット導入をASP方式（今でいうクラウドです）で始めたため、80万円規模のスモールスタートでした。

導入を進める中で、優先順位としては営業強化よりも、顧客管理台帳の整備が先であるということがわかってきました。既存金融機関への納入機器や部品の品番管理に長年の問題があったのです。品番の発番ルールがバラバラで統一されておらず、顧客管理台帳の管理が非常に煩雑な運用になっていました。

そこでK社の担当Oさんは SEと相談して、複数パターンある品番発行ルールを分析。新たに逆引きで品番を発行するロジックを考え、品番を同じルールで刷新する提案を行いました。

最初は自分たちの落ち度を認めたくなかったG社の情報システム部門が難色を示しましたが、同社の長年の経営課題となっているにもかかわらず、自分たちではお手上げで代案が出せなかったため、情報システム部門の態度も徐々に和らぎ、複数年合計で億単位のシステム開発案件を受注することができました。

営業の正解 36

いきなり高額案件を狙わずに、アイスブレイクから

実績をつくりたくて正面玄関からいくらノックしても、いい反応が得られない場合、攻めるルートを変えるのも手です。競合が苦手なのであまり力を入れていない、でも顧客が困っているようなところが狙い目です。アイスブレイク的なアプローチが突破口になる時もあります。

「押してもダメなら引いてみろ」。一見遠回りに感じるかもしれませんが、アイスブレイク案件は小規模なので手間があまりかかりません。そこから継続ビジネスや、思いもかけない大型案件に発展することは珍しくありません。

ヒントやサインを見逃さず、面倒くさがらずに小さな取引から開始し、案件を創造的に膨らましていくのも「できる営業」の腕一つです。

高等戦術 37

パートナーをうまく活用できていますか?

できない営業は ▼ 下請けと勘違いしている

できる営業は ▼ 大切な仲間としてリスペクトする

「できる営業」は、社外のパートナーも大切な仲間としてリスペクトし、うまく活用します。パートナーとは、本来はお互いの弱みを補い相乗効果を生み出すＷｉｎ－Ｗｉｎの関係を意味するものです。

ところが、「できない営業」は、パートナーを下請けと勘違いして扱い、その本当の力を十分引き出せません。

パートナーの中でも大切な販売代理店の話を取り上げます。

代理店営業の最大の課題をご存じでしょうか。答えは「組織的な関係強化」です。

製造・販売側としては、前年度比○％アップという目標の交渉を毎年行います。ところが、代理店側が扱う商品は一つではありません。商品ごとに複数メーカーのものを扱うことも珍しくありません。みな前年度比アップの目標設定を求めてきますが、こちらを立てればあちらが立たず。悩ましい交渉を強いられます。

予算や締めの時期に打合せや交渉を重ね、お互い神経をすり減らしますが、最終的にはコンマ何％かに落ち着きます。時間をかけても得られる見返りはほんのわずか。コンマの世界の不毛の攻防を繰り返しても意味がなく、大きな業績アップにはつながりません。そこで抜本的な打開策を図ることになります。その有効な手法の一つが、組織的に関係を強化し、大幅なシェアアップを図ることです。

大手電機メーカーの通信機器を取り扱うH社のやり方が参考になります。

同社の営業部隊に課されたミッションはシェアナンバーワンの達成。現状のシェア25％を安定トップシェアである40％まで大幅に引き上げるという、チャレンジングな目標でした。そのために掲げた営業施策が3つありました。①戦略特約店の育成と関係強化　②共同開拓による引合数アップ　③共同提案力強化です。

それぞれの施策を具体的なアクションに落とし込みつつ説明しましょう。

①戦略特約店の育成と関係強化

（特約店ランク）シェアアップ達成のためにランクの見直しと再定義を行い、戦略特約店を定める。特約店にとっての利益アップのメリットを供与するために、特別インセンティブ措置を講ずる。

（シェアアップに向けた特約店戦略）現在の主要4社だけではシェアナンバーワンの獲得は難しいので、新たに戦略特約店に育てる代理店候補をリスト化。

（リプレース目標の具体化）トップシェア目標40％をブレークダウンし、他社リプレースターゲットを、特約店と合意の上で明確にする。

（組織的な関係強化）戦略特約店（Aランク）のパートナーは、担当者にまかせきりにせず、経営層／キーマン／旗振り役を組織的に再確認。上司や必要に応じ役員クラスも巻き込みながら、会社対会社としての関係構築をめざす。

ここでキモになるのが、組織的な関係強化です。特約店戦略が絵に描いた餅にならな

ないように、お互いのトップ同士／責任者クラス／担当者レベルの3階層が、連携しながら組織的な関係強化を図るということです。

②共同開拓による引合数アップ

――共同開拓により潜在ニーズを掘り起こし、引合数アップを図る

（正式な引合前の潜在案件からの共同開拓） 代理店から正式な引合いとして連絡があるのは引合ランク（D）から。実際はその前に、潜在（G）／ニーズあり（F）／検討（E）ランクがある。現在はここがまったく見えていない。正式な引合いとして来るのは氷山の一角。潜在・ニーズの7～8割程度が知らないうちに失われている可能性がある。

（共同開拓営業の手法） 以下3つの手法について実施し、強化を図る。

営業同行：営業同行のルールを定め、大型案件・ターゲット客・アイスブレイクに対象を絞る。

上流提案：⑴複合提案（ノウハウ共有・OJT）⑵RFP作成サポート ⑶SE／事業部連携による総合提案。

イベント強化：⑴製品発表会 ⑵販売奨励金交渉 ⑶社長会 ⑷幹部交流会 ⑸キ

ャンペーン（特約店主催／共催）。

（潜在顧客情報・リスト共有）最初から全面開示を求めることは難しいが、共同営業を通してお互いの信頼関係を構築していけば、将来的には戦略特約店が持っている顧客層の概要が見えてくる。

③共同提案力強化

――他社リプレース・新規案件に、真剣に取り組んでくれる真の販社＝戦略代理店との共同提案力強化

（強化分野の明確化）現在の売上比率は、(1)自社リプレース 4～5割／(2)他社リプレース 3割／(3)新規 2割。シェアナンバーワン獲得のためには、(2)他社リプレース、(3)新規強化が必須。

(1)自社リプレースに比べ、(2)、(3)は時間と手間がかかる。結果が出ていなくても途中のKPIやプロセスを評価するなど、支えるための仕組みや工夫も必要。

（攻める業界）これまでに攻め切れていない業界への集中営業。具体的には、(1)医療(2)介護系　(3)その他の新規領域（ホワイトスペース）

〈キャンペーン強化〉 イベントの中で最も効果的なのは拡販キャンペーン。特約店主催であっても、参加者リストを共有してもらうよう働きかける。そのために、同行営業も積極的に受け入れる。共同開拓に協力してもらうために、キャンペーン用の特別インセンティブを設置するなど、戦略特約店にとってのメリットも用意。

ここで紹介したのは代理店強化策の一部です。このように今の営業では、営業一人でやれることの範囲を超えることが出てきます。事例のように経営陣自ら旗を振ってくれるのが理想ですが、そうでない組織では、ここでまとめた施策の中にあるヒントを参考に、できることから一つずつ取り組んでみてはいかがでしょうか。

営業の正解 37
本気で売ってほしければ、組織的な関係強化を図る

地域ネットワークの波及効果を知っていますか？

できない営業は ▼ 知らないうちに悪い噂が広がる

できる営業は ▼ 意識しなくても良い噂が広がる

営業における「ネットワーク理論」をご存じでしょうか？　ほんのひとにぎりのトップセールスしか知りませんが、人間関係を利用して商売を広げていくタイプの営業では、成功のロジックをネットワーク理論で説明することができます。

「できる営業」ですら意識していないとっておきの成功特性ですが、やるべきことを着実にやっていく中で、彼らは自然と体現しています。この概念を説明すると、自分が今までやってきたことの振り返りや理論づけができて腑に落ちるようです。

ネットワークを活用した営業の簡単な流れはこうです。

①顧客キーマンと関係を構築する。②そこを起点に、信頼ネットワークを広げ、相談が自然と持ち込まれる仕組みをつくる。③そのために、課題共有を行う〝小さな場〟の設定に協力し、少しずつ連鎖させる。この流れを3つのパートに分けて説明します。

①顧客キーマンと関係を構築する

本章の前半で課題共有～解決協力を通じて、顧客と信頼関係を強化することの大切さを説明しました。ネットワーク活用の大前提となりますので、もう一度振り返ります。

顧客との関係を構築するためには、顧客の話をよく聴いて → 課題を共有する → 解決に協力する → そのプロセスを通して信頼関係ができる、という一連のプロセスをたどります。

言い換えれば、関係構築とは「ニーズ把握 ＋ 課題共有 ＋ 解決協力」を繰り返すことです。そのことで相乗効果が起こり、信頼関係がn乗に強化されていきます。

この関係構築の法則が特に効果的であることが証明されているのが、首都圏や大都市圏以外の地方での営業や自治体向け営業です。

「できる営業」は、ビジネスとは直接関係のなさそうな地域課題であっても、一緒に解決することで地域のキーマンと信頼関係を構築しています（言わずもがなですが、その延長線上で、自社の仕事につながるようにひもづけられています）。

信頼を得ることで地域の人脈ネットワークを活用することができるようになり、ビジネスの輪が自然と広がっていきます。本書でもよく登場する医薬や旅行営業以外にも、地方に支店や営業所を展開している会社の参考になるはずです。

②信頼ネットワークを広げる

地方の営業は、ビジネスの話だけではやっていけません。顧客のよろず相談役として、相談や課題を聞いて潤滑油のように対応することも営業の仕事になります。プライベートニーズとビジネスニーズの垣根も曖昧です。

その代わり、いったん信頼ネットワークができあがると、後は楽になります！　地域キーマンから相談や紹介が持ち込まれ、ビジネスが回っていく。そんな仕組みができあがります。

地域キーマンに刺さっていれば、ネットワークを通じて様々な話が持ち込まれ、情報が上流で入って来るようになります。来ないのは裏返すと、刺さっていない＝信頼されていない証拠です。「実績の出ない営業」は、地域の信頼ネットワークで認められていないので相談が来ないのです。

地域の信頼ネットワークを活用した営業には多くのメリットがあります。競合他社との差別化をＰＲしながら、不毛な競争を排除し、営業コストも削減できる効率的なマーケティング手法です。

「損して得取れ」という言い方もできますが、関係構築～ネットワーク形成協力という〝信用ポイント〟を貯めれば、仕事上のリターンが期待できるということです。いったん信頼され人脈ネットワークの中に入ることが許されると、継続的で安定的なビジネスにつながります。信頼関係がビジネスを生み出すドライバーです。中長期的な視点で考えられる「できる営業」が知らずに実践している高等戦術なのです。

この究極の顧客視点の営業は、多くの営業スタイルで応用できます。地域やビジネスコミュニティでいったん信頼を得られると、本人は特に何もしなくても、その噂が勝手に広がり、ビジネスにつながります。「信頼される営業」が知らないうちに売れていくパターンです。

逆に、信頼を失うと悪い噂が広がります。悪い噂ほど早く広まるものです。この理屈を知らずに、自社の利益を追い求めるだけの営業をいくら続けても、労多くして益少なし。「信頼されない営業」はネットワークの内側に入れず、見当違いの方向でいくら努力しても報われないという悲しいパターンに陥ります。

地域の共通課題解決のために協力することで、人脈形成を図るというルートは遠回りに見えますが、必ず本業の営業にもメリットがある確実性の高いやり方です。時間と手間のかかる非効率な手法にも感じるかもしれませんが、ビジネスはそう単純なものではありません。

地域の人々の心の中は、都会的なドライな損得勘定だけでは成り立っていません。自分たちがずっと住み続ける地域のために、誰が本当に信頼できる相手かを真剣に見ています。口先だけの提案だけでは評価されません。地域のために最後まで責任をもって対応してくれる信頼できる人物なのかどうか見極めているのです。

③小さな場をつくり連鎖させる

人脈ネットワークを活用し、課題相談が自然と持ち込まれる仕組みをつくるためのカギは、「小さな場づくり～連鎖」を、顧客同士の黒子や橋渡し役として支えることです。

コツは2つあります。まず、「キーマンの言葉や関係者の課題意識を、地域の人々の言葉でつなぐ」ことです。商品やサービスをアピールする前に、「地域課題解決を一緒に考え取り組む」という姿勢を見せることが、顧客の心を溶かし信頼を獲得するカギです。最終的に売りたいものはあくまでもその手段です。この順番を守ることが2つ目のコツです。

注意点は、営業があまり前に出すぎないことです。主役はあくまでも地域の人。営業は地域課題解決という同じゴールを目指す仲間として、橋渡し役や黒子に徹して動く意識が大切です。営業が表に立ちすぎると、顧客が他力本願になりがちです。地域の人財が育たず、担当が変わった途端に動かなくなるなどの弊害も起こります。

〝小さな場〟の具体例としては、以下のようなものが挙げられます。

◆地域キーマンとの情報交換

顧客や業界団体との親睦会、パートナー会など会合での関係づくりの活動。セミナー・講演などをきっかけに知り合った、同じ問題意識を持つ地域有志とのインフォーマルな情報交換や相談、アイデア会議。飲み会なども適宜活用。

◆ワークショップ

勉強会や情報提供の場を設ける。少額でも費用をもらえると、アイスブレイク案件的な役割を果たし、継続的な話がちゃんとした仕事としてできるようになる。

◆セミナー・フォーラム

小さい場ではないが、大規模なセミナー、フォーラム、シンポジウム、講演会など。ただし、達成感はあるが、費用対効果は必ずしも良くないので要注意。場が大きすぎるため、個人の顔が見えず話しにくいので、その後の展開につながりにくいケースも多い。その後の場の連鎖につながるフォローの工夫や仕組みが必要。小規模な場の方が、相手の顔が見えて話しやすいため、その後つながりやすい。手間もそれほどかからないので、営業の負担も少ない。

ネットワークを活用した例としては、第1章で紹介した製薬会社と旅行営業に共通する「地域連携活動」が最高峰として挙げられます。薬と旅行という扱う商品がまったく異なる営業に共通するのは、地域連携活動を通じて関係を構築し、地域キーマンのネットワークを活用することでした（第1章〈◎薬と旅行の営業プロセスが同じ？〉に詳述）。

内容はまったく異なりますが、生保の営業もネットワーク理論で説明できます。生保の「できる営業」は主に紹介で実績を伸ばしていきます。紹介の輪で営業する生保のスタイルは理論的にいうと、「人脈ネットワークを創り、紹介の輪を広げていくこと」なのです。

営業の正解 38

信頼ネットワーク活用が、地域営業成功の秘訣

第5章

《営業の正解・トップ・オブ・トップ編》

「科学的な営業」を目指す人へ

■ただ結果を出すだけでなく、科学的・理論的な営業を目指すのが、新しい時代の「できる営業」の姿です。DXツールで収集したエビデンスを参考にしながら営業プロセスを見える化・共有して、チーム全体の業績アップに貢献していきましょう。

データで見える化 39

「できる営業」と「できない営業」の違いがわかりますか？

できない営業は ▼ 資料作成に時間をかける

できる営業は ▼ 結果につながるプロセスに時間をかける

この話は科学的な営業プロセス分析の象徴的な例として第1章でも紹介しましたが、【データで見える化】の一つの項目として、改めて取り上げます。

よく「できる営業」と「できない営業」という言い方をします。結果を出しているかどうかが一つの目安であることは当然ですが、それ以外の違い、特にどういう行動パターンの違いがあるかは漠然としていてはっきりしません。

そこで、その違いを具体的にプロセスで示します。次ページの図を見てください。

これは「できる営業」と「できない営業」の営業プロセスの違いをデータで示したも

■「できる営業」と「できない営業」のプロセスの違い（再掲）

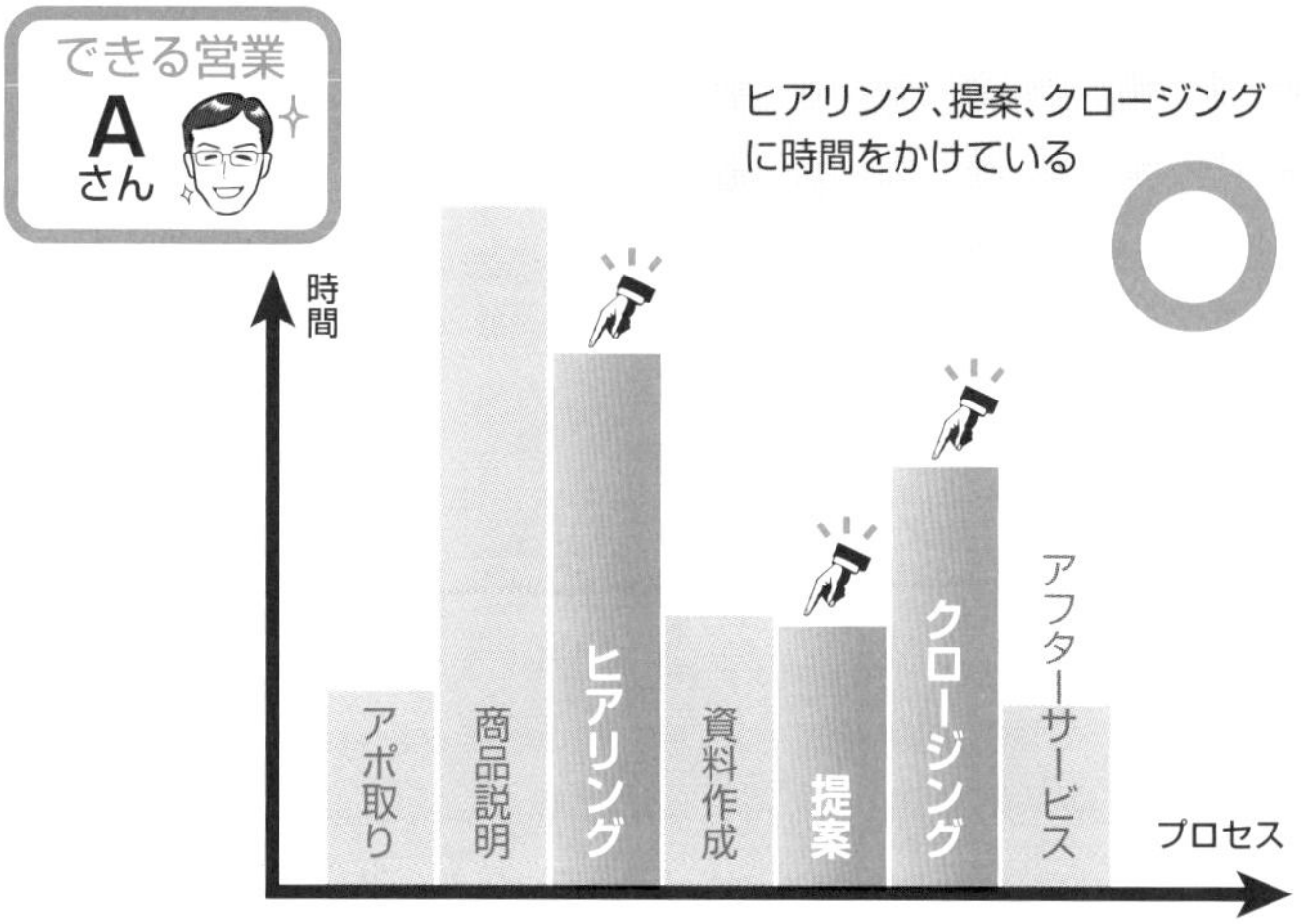

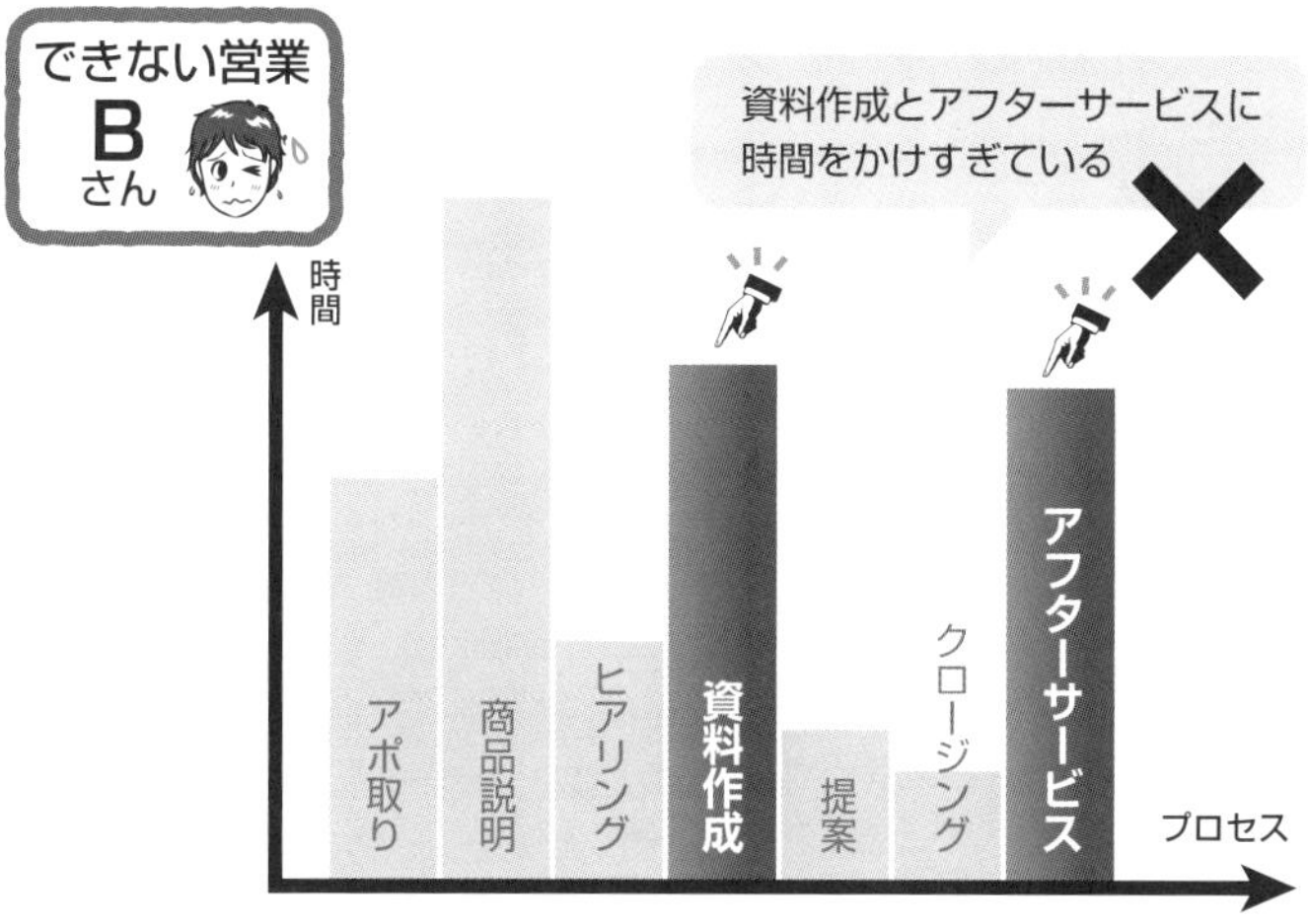

のです（第1章33ページの図版を再掲しています）。

上が結果を出し続けている「できる営業」（Aさん）で、下は自分なりにがんばってはいるが成績が伸び悩んでいる「できない営業」（Bさん）です。

横軸に成果を出すために必要な「営業活動のプロセス」を左から右に時系列順に並べ、縦軸に「各プロセスにかけた時間」を棒グラフで表示しています。

2人を比べてみると、「アポ取り」～「商品説明」のところはあまり差がないのがわかります。しかし、違いはここからです。

できるAさんは、「ヒアリング」（顧客の課題やニーズの確認）、「提案」（提案やプレゼンテーション）、「クロージング」（契約に向けた価格、納期等の条件交渉）に時間をかけているようです。

一方のできないBさんはどうでしょうか。「資料作成」（提案資料などの作成）や「アフターサービス」（クレーム対応なども含む）に時間をかけすぎていることがわかります。

資料作成やアフターサービスも必要なプロセスには違いないのですが、Bさんはそこに時間をかけすぎて、本来、営業成績を上げるために力を入れるべきであるヒアリングや提案、クロージングという、重要なプロセスが手薄になっているわけです。

営業支援システム（ＳＦＡ／ＣＲＭ）をうまく活用すると、このようなデータがリアルタイムで見られるようになります。

自社でＳＦＡ／ＣＲＭを導入済みで行動分析データも見られるのであれば、営業自身が「できる営業」を目指して自助努力＝セルフマネジメントすることができます。

さらにおすすめは、セルフマネジメントに加えて、上司のコーチングで、営業の成長をスピードアップさせることです。

本書は基本的には営業担当向けですが、この章は将来的に営業マネジメントを担うことも視野に入れた上級編なので、マネジメント的なポイントも加えておきます。

営業会議などの場で、他の営業との行動パターンの違いを確認する場合のコーチング例を挙げます。この場合、上司が伸び悩んでいるＢさんと一緒に、「できる営業」であるＡさんのデータを比較対象として見ながら指導するのが効果的です。

成績を上げるためにもっと力を入れるべきプロセス（やるべきこと）と、効率的にこなすべきプロセス（人にまかせるプロセス）が、教えた通りにちゃんとできているかどうかを客観的なデータをもとに確認するのです。

データをもとにした見える化によるコーチングを、日々のコミュニケーションを通して継続的に行うことで、営業の底上げが確実に図れます。

「できる営業」の行動パターンを見える化して、「できない営業」にマネさせるだけで、営業の成長スピードを早めることができるのです。業績アップはその結果としてついてきます。

営業の正解 39

時間をかけるべきは、ヒアリング・提案・クロージング

データで見える化 40

やるべきことに集中できていますか？

できない営業は ▼ 自分が正しいと思ったことをやる

できる営業は ▼ 人にまかせることを決める

「できる営業」と「できない営業」のプロセスの違いを前項で説明しました。そこではふれませんでしたが、229ページの同じ図から別なことも読み取れます。

それは、上司が部下にやってもらいたいと考えていることと、部下の実際の行動は必ずしも一致しないということです。

原因は、「やるべきこと」（＝重要なプロセス）がそもそも明確になっていないケースが多いからです。上司と部下は立場と視点が違い問題意識も異なるため、ズレが生じやすいのです。むしろ、ズレるのが当たり前と考えていた方がストレスになりません。

「できる営業」と「できない営業」の差もここから生まれます。

上司と部下が同席した打合せについて、1枚のレポートを出してもらい確認すると如実に表れます。お互いが重要だと考えているポイントはほぼ確実にズレます。

このズレを解消するためには、**「やるべきこと」（＝集中すべきこと）**と、**「人にまかせること」（＝チームや組織による分業などの仕組みで効率的に行うこと）を明確にしなければいけません。**

「できる営業」は、仕事の「プロセス」を大切にしています。結果を出すためにプロセスを着実に踏みます。結果は正しいプロセスの後についてくることを知っているからです。

ところで、本書では「プロセス」という言葉がよく出てきました。大切なキーワードになりますので、説明が遅くなりましたが、改めてプロセスの意味を明確にしておきます。

本書におけるプロセスとは、**「業績アップや業務効率改善のために必要だと組織が認めた〝標準プロセス〟」**のことです。

一方、各営業が自分勝手に「自分が正しいと考えているだけで、組織が正式に認めていないプロセス」は標準プロセスとはみなしません。

これまでは、ほとんどの会社が標準プロセスを定めず、各人の属人的なやり方にまかせていました。結果を出すために有効なプロセスが明確にされていないため、営業も仕方なく自分なりに考え、良かれと思いがんばって仕事をしていたのです。

そう考えると、自分勝手という表現は適当ではなく、しっかりとしたプロセス設計のない状況ではそうなるのもやむを得なかったといえます。

本書では、以下のような意味で「プロセス」という言葉を使っています。

「プロセス」（＝標準プロセス）

…業績アップや業務効率改善のために、会社や組織が整理・標準化したプロセス（〝標準プロセス〟）

「やるべきこと」

…会社が業績アップのために取り組むことを推奨するプロセス

「人にまかせること」

…業務を進める上で必要だが、必ずしも本人がやる必要はなく、分業などの仕組みで効率化を図るプロセス強調しておきたいのは、役職や立場に応じた「やるべきこと」に集中するために、「人にまかせた方がいいこと」があり、そのことを明確にしてメリハリをつけて行っていく必要があるということです。

プロセスは一つひとつが重要であり、どれかが欠けても仕事はうまくいきません。しかし、目指すべきは、成果を効率的に上げることです。そのためにより優先順位の高いプロセスを明らかにした上で、集中することが大切になるのです。

「できる営業」は、「やるべきこと」と「人にまかせること」のメリハリができています。それを可能にするために、社内で助けてくれる人と関係を構築しています。そういった努力を、対顧客だけでなく、社内でも行っているのです。

営業の正解 40
「やるべきこと」と「人にまかせること」にメリハリを

データで見える化 41

仕事のボトルネックを特定できますか？

できない営業は ▼ ヒアリングさせてもらえない

できる営業は ▼ 秘密を教えてもらえる

「営業ではヒアリングが最も重要だ」、ということを何度か強調しました。では、ヒアリングが苦手な場合、どうしますか？　普通に考えれば「ヒアリングを強化する」ということになります。

「できる営業」であれば、ヒアリングの成功特性を実践できます。「ビジネスニーズとプライベートニーズを区別する」「自分が顧客になった時の気持ちを忘れずに、真の顧客ニーズを理解する」「ヒアリングシートを活用して、聞き漏らしを減らす」等々。

ところが、ヒアリングの重要性は頭ではわかっていても、「ヒアリングに協力してもらえない」と悩む営業もいます。**原因はヒアリングの一つ前のプロセスにあります。**

229ページで「できる営業」と「できない営業」のプロセスの違いを図で示しました。ヒアリングの一つ前のプロセスは「商品説明」です。ヒアリングがうまくできないのは、その前のプロセスである「商品説明」に問題があるということなのです。

商品説明すらちゃんとできない営業の力量は推して知るべしです。ヒアリングは自社の悩みを打ち明けることですから、信頼できない営業には相談したくありません。ですから課題を聞こうとしても答えてくれないのです。

頼んでも秘密を教えてもらえない、つまり、ヒアリングに協力してもらえない、ということになります。

ですから、「ヒアリングさせてもらえない営業」は、まず顧客に信頼してもらうことです。顧客にちゃんと理解してもらうために、最低限のこととして、提案する商品やサービスについてわかりやすく説明できるようにし、質問にもちゃんと答えられなければなりません。

そのためには、商品説明をまずロールプレイなどで先輩などに見てもらいながら練習すること。よくある質問を頭に入れて、納得できる回答ができるようにする。そして、【信頼されるビジネスマナー】（44〜74ページ参照）と【相談対応】（99〜108ページ参照）をしっかりやることです。

信頼を得るための基本動作も忘れないでください。「スピード対応」「事前準備」「メモを取る」「質問にズバリ答える」「約束を守る」「当たり前のことをちゃんとやる」「基本的なことを愚直にやり切る」といったことです。


話の視点をもっと上げます。ここまでは「ヒアリングが十分できない」という課題の真因（本当の原因）は、その前の「商品説明」や「信頼関係」にあるという話です。

このボトルネックを探す考え方を応用して、さらに上の視点から営業を見てみます。すると、もっと大きな問題に気づきます。それはほとんどの営業が悩む「結果が出ない」という問題です。

結果の前に必要なものは何でしょうか……？　それは、「プロセス」です。つまり、結果が出ないということは、その前のプロセスのどこかに問題があるということです。

そこに目を向けないまま、いくら結果を求めても意味がありません。結果自体ではなく、その前のプロセスに原因を探すべきなのです。

結果となる数字はやるべきこと、すなわち、正しいプロセスを行った結果としてついてくるものです。結果が出ない原因は、因数分解したプロセスのどこかに必ずあります。ヒアリングは結果を出すためのプロセスの中で最も重要なことですが、課題として挙げられやすいポイントでもあります。改善したいのであれば、一つか二つ前のプロセスに注目してみてください。

真因＝ボトルネックは、課題そのものの前のプロセスに見つかります。

営業の正解 41

うまくいかないと思ったら、一つ前のプロセスに注目

データで見える化 42

"本当の営業"に時間を使えていますか？

できない営業は▼15%しか使えていない

できる営業は▼最大40%使えている

39項で「できる営業」と「できない営業」の違いを具体的なプロセスで示しました。

また、「できない営業」は、資料作成やアフターサービスなど、営業の結果を出すためにあまり有効ではない業務に、時間をとられすぎてしまう傾向があるということも指摘しました。２４３ページの図はその実態をグラフにしたものです。

ヒアリング、プレゼン、条件交渉といった実際にお客様と会って商談をしている時間のことを"有効営業時間"といいます。

Ａｆｔｅｒ／Ｗｉｔｈコロナの時代では、オンライン会議も含みます。有効営業時間がだいたいどれくらいあるかご存じでしょうか？

イメージとしては「30～40％はあるのではないか？」といったところではないでしょうか。ところが、正解は平均で15％くらいです。

10～20％くらいの幅に、業種・業界を問わず、おもしろいくらいキレイに収まります。実際、営業がお客様と会っている時間はこんなに少ないのです。

では、いったい何に時間をとられているのでしょうか。これは会社によって異なりますが、お客様向けの資料作成、顧客向けの書類作成や受発注・契約関連などの事務作業、クレーム対応、社内会議などが多いようです。

「喫茶店あたりでさぼっているんじゃないだろうか？」と思う人もいるかもしれません。もちろん、喫茶店で休憩をしている時間がないわけではありませんが、それが本当の問題ではないのです。

むしろ「できる営業」や「できるマネジメント」の考え方は、「やることをやっているのであれば、別に喫茶店で休憩していても何の問題もない。時間配分は営業に与

■ “有効営業時間”がどれぐらいあるかご存じですか？

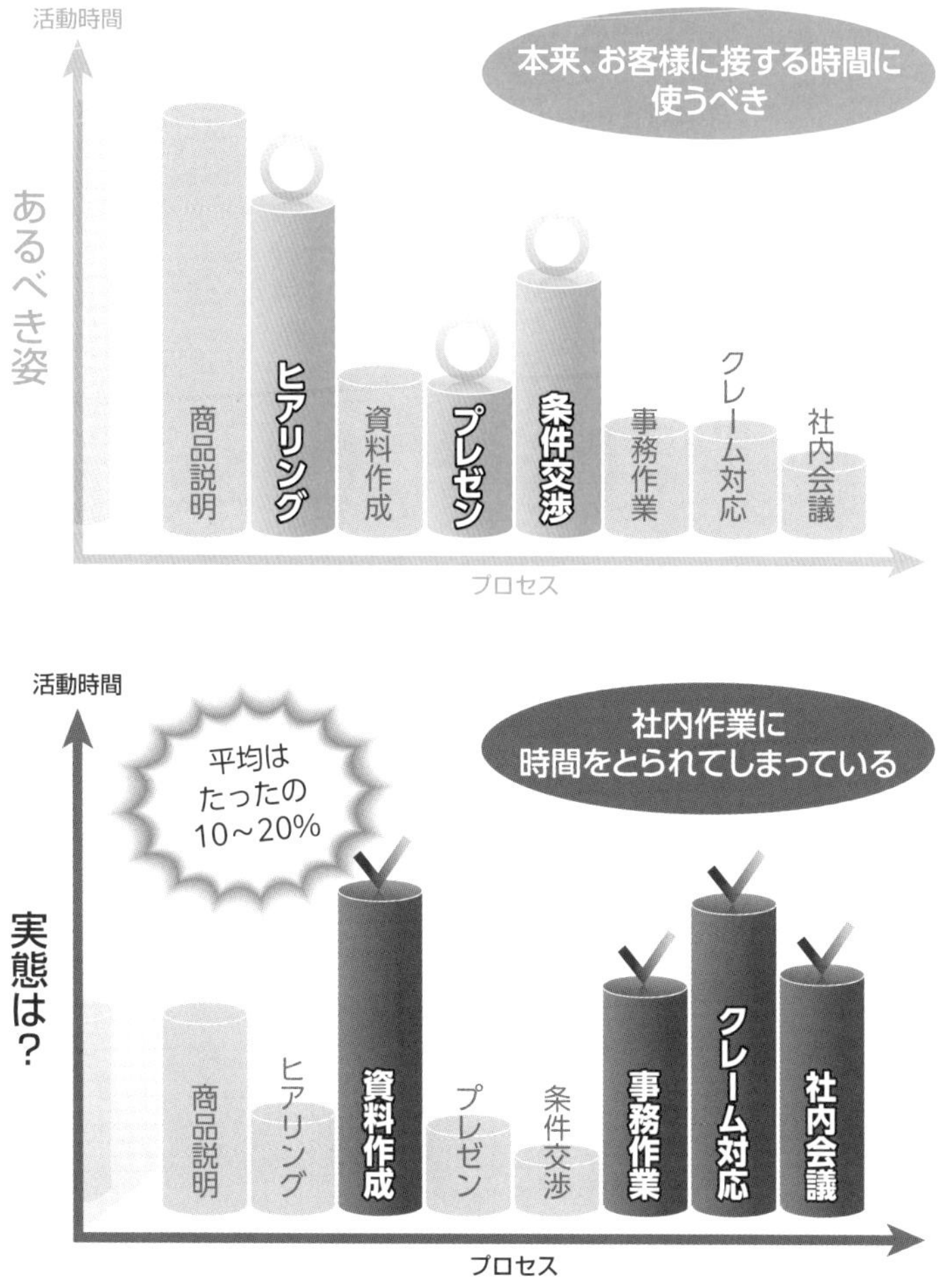

えられた裁量の一つだ。人間なのだから体調に合わせて休憩するのも必要なことだ」という合理的な考え方をしている人の方が多いです。

話を戻します。営業というと、外に出てお客様と会っている時間が多い、というイメージがあると思いますが、これがデータにすると見えてくる事実なのです。

ちなみに、**有効営業時間は、業種や担当エリアにもよりますが、多くても40％程度です。**移動時間や必要な社内会議、最低限の事務処理や報告などは必ずあるので、20％を超えていればいい方なのです。

もし、SFA／CRMを導入しているのであれば、同じようなやり方で、自分の組織で営業がいったいどういうプロセスに時間を取られているのか、有効営業時間をデータ化して測ってみること（見える化すること）をおすすめします。

本来の営業に使えている時間が、予想以上に少ないので、みなさん驚きます。

本書では「できる営業」の成功特性の一つとして、データなども活用した科学的な営業の考え方を紹介しています。

有効営業時間という視点は、データによるプロセスの見える化の例としてわかりやすいので、科学的な営業思考をイメージしてもらえるよい例だと思います。

実際に有効営業時間を測って業績改善につなげた事例を紹介しましょう。

精密機器メーカーT社の営業部では、競合との競争が激化し製品単価も下落傾向であったため、そのままでは予算達成が難しい状況にありました。

そこで対応策を話し合ったところ、「どうも営業が社内にいる時間が多い気がする。実績に結びつく本来注力すべき顧客接点活動に使えている時間（＝〝有効面談時間〟）が少ないのではないか？」という仮説が浮かんできました。

試しに有効面談時間を計測してみたところ、なんと就業時間のたった10％しかないことが判明。原因としては、クレーム対応や事務作業が多いため、社内にいる時間が多くなってしまっていたのでした。

この結果に驚いた会社では、特に18％もの時間を取られていたクレーム対応を営業部から切り離し、サポート部門で責任をもって対応する仕組みに変えました。また、事務作業でも13％の時間がとられていたため、社内のバックオフィス部門にその業務を移管して営業の負荷を減らしました。

こうした抜本的な業務改善の結果、余った時間を本来の営業活動に振り向けることができ、以前は10％しかなかった有効面談時間を30％強にまで増やすことができたのです。

一方、その反動で、クレーム対応を移管されたサポート部門にかかる負担が大きくなったため、負荷軽減と効率化を目指し、業務プロセスの本格的な見直しを開始しました。


いかがでしょうか？　有効営業時間を見える化すると、改善策も具体的になります。

営業の正解 42

顧客に会って商談をする〝有効営業時間〟を増やす

データで見える化 43

行くべき顧客のところを訪問できていますか？

できない営業は ▼ 居心地のよい客のところに入り浸る

できる営業は ▼ 行きづらい客のところも攻める

「できる営業」は、「行くべき顧客」に行きます。現在はあまり取引が大きくなくても、将来性のある顧客のところにも行きます。

一方、「できない営業」は、自分が「行きやすい顧客」のところに行きがちです。

249ページにある「顧客のセグメンテーション」の図を見てください。

【Aゾーン】は、現在の取引が多く、将来性もある顧客です。
【Bゾーン】は、将来性はあるが、現在の取引は少ない顧客です。
【Cゾーン】は、現在の取引は多いが、今後はあまり伸びない顧客です。

【Dゾーン】は、取引額も少なく、将来性もない顧客です。

【Aゾーン】の顧客はわかりやすいので、何も指示せず放っておいてもどの営業も行きます。関係をさらに強化する、取引を拡大・深掘りする、商材を増やす、取引部署を増やすなど、「深耕」対象になります。

【Dゾーン】は基本的には行く必要のない顧客なのですが、相手も暇で世間話などで相手にしてくれるので、「できない営業」はここに行って時間をつぶしていたりします。

インサイドセールスなどの仕組みで効率化するなどの対応策はありますが、そもそも行くべきかどうか「再評価」すべきです。

問題は【Cゾーン】です。取引が多く関係もできていて居心地がいいので、たいていの営業はここで多くの時間を費やしています。ところが、データを取って顧客当たりの有効時間をとると、営業効率はあまりよくありません。必要以上に手をかけなくてもよいのに、つい長居して時間を使ってしまうためです。

■ 顧客のセグメンテーション

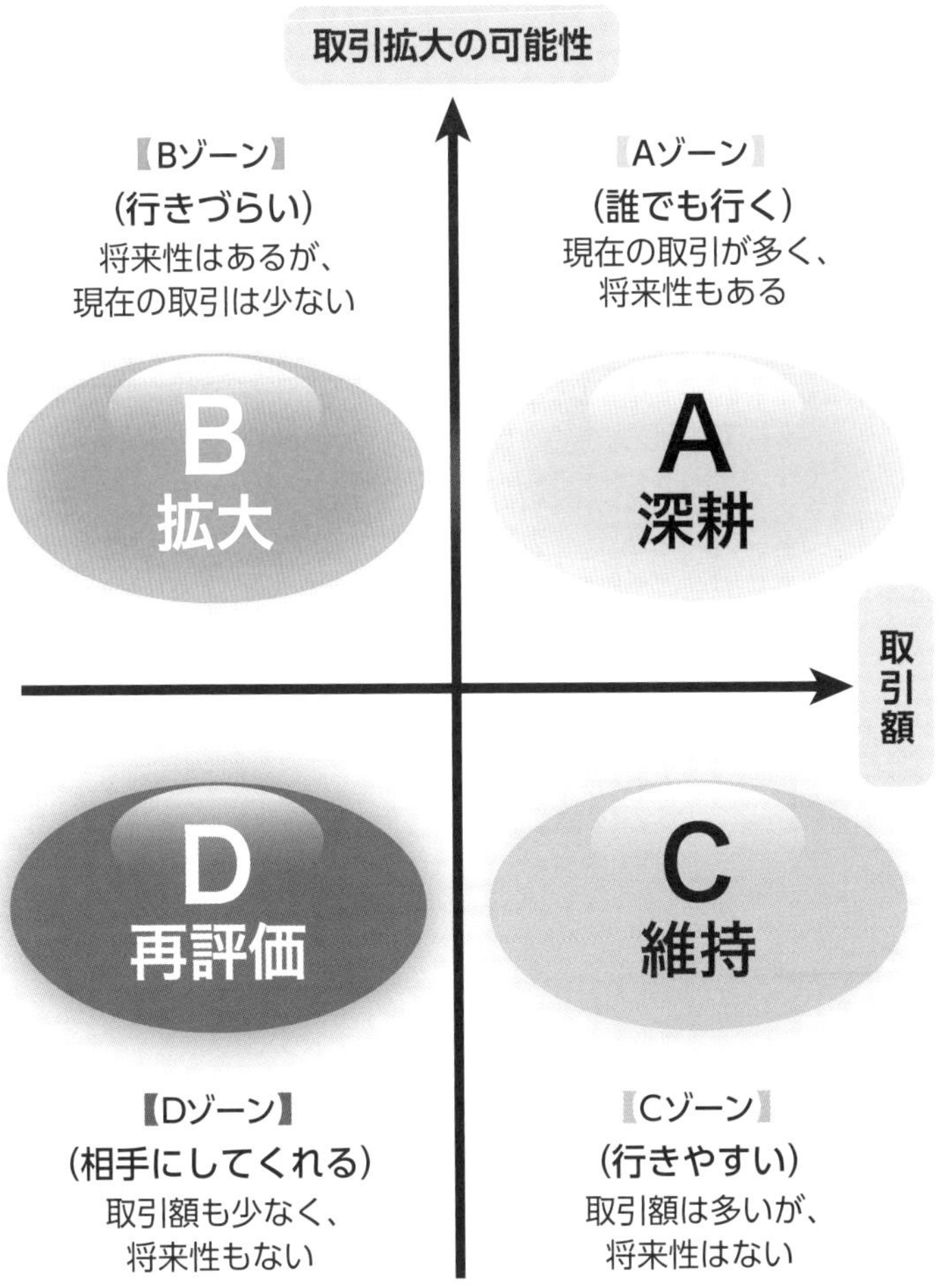
取引拡大の可能性
取引額
【Bゾーン】
（行きづらい）
将来性はあるが、
現在の取引は少ない
B
拡大
【Aゾーン】
（誰でも行く）
現在の取引が多く、
将来性もある
A
深耕
D
再評価
【Dゾーン】
（相手にしてくれる）
取引額も少なく、
将来性もない
C
維持
【Cゾーン】
（行きやすい）
取引額は多いが、
将来性はない

生産性向上を求められる時代ですので、このCゾーンばかりに行っている営業はほめられません。営業の効率化を図り、現状を「維持」するという対応が正解です。

「できる営業」は【Bゾーン】の顧客を攻めます。

「将来性はあるが、現在の取引は少ない」というのは、例えば「競合の得意先」である場合です。ということは、競合の守りが固いため簡単に入り込めず、訪問しても冷たく対応されることが多いわけです。営業にとっては行きづらい客です。

しかし、シェアを伸ばすことができれば、取引額を伸ばす余地が大きいということになります。飲料や食品など売上の伸びが期待できない成熟産業では、シェアの取り合いからは逃れられません。

経営者が営業に攻めてもらいたいのはBゾーンであることが、ヒアリングを通じてわかっています。そのことを、「できる営業」はよく理解し、言い訳をせずに実践しているのです。

補足すると、経営としても本当にそうしてもらいたいのであれば、人事評価の面でもインセンティブを与えるべきです。目先の数字しか評価されないのであれば、営業にとっては難しいBゾーンを苦労して攻めるメリットはありません。

Bゾーンの顧客に対して正しいプロセスでアプローチしているのであれば、プロセスを評価して報いるべきです。

営業がCゾーンに入り浸らないように、人事評価で経営の意思をわかりやすく伝えている会社があります。

空気圧機器メーカーのS社は、「難易度の高いBゾーンの新規顧客開拓を、既存顧客からの実績より高く評価する」という評価尺度を明確にしています。実績数字の大きさだけでなく、新規顧客を創造することを奨励するため、結果だけでなく途中のプロセスも評価する仕組みにしています。

また、大手顧客を担当しているベテラン営業もCゾーンに安住することがないよう、顧客との関係が安定した段階で、あえて他の担当者に変えてしまうそうです。

引きついだ後任者は同程度の成績ではまったく評価されません。引き継いだあとにその既存客からどれくらい売上や利益を伸ばしたか、また、自分の実力で新規顧客をどれだけ増やしたかでしか評価されません。

徹底した公正な評価の結果、この会社の製品の国内市場シェアは断トツの65%、海外シェアも40%のトップシェアを誇ります。

「ニッチであり続けろ」という信念のもと、あえて広告やホームページも充実させず、意識的にそのマーケットの存在を知らしめないというのも、本当のトップシェア企業だけができる心憎い戦略です。

営業の正解 43

今の取引は少なくても、将来性のある顧客を攻める

科学的な思考法 44

営業は結果がすべてですか？

できない営業は ▼ 結果主義

できる営業は ▼ プロセス主義

「科学的な営業思考」は、できる営業の成功特性を明らかにする上で根幹を成す部分です。営業行動をデータなども使って見える化し、営業を科学的・論理的にとらえるのが最近の傾向です。科学的な思考法を身につけることは、これからの時代で「できる営業」に求められる大切な資質の一つです。

1000人のトップセールスとのヒアリングを通して見えてきたのは、「できる営業」は、結果を効率的に出すことを追求する中で、自然と科学的な思考になるということです。

組織が教えてくれなくても、自分なりに試行錯誤し、その中でうまくいったやり方＝営業の正解を見つけて行動の基本としています。

逆に、「できない営業」は、非科学的なやり方＝プロセスを考えずに結果だけを追い求める〝結果主義〟的なやり方に疑問を持っていません。ものごとを深く考えずに、うまくいかなくても同じやり方を繰り返します。思考停止状態です。

「科学的な営業思考」は、結果を出すためにプロセスを重視する〝プロセス主義®〟的な考え方です。従来の精神論や人格的なものを求めがちな「情緒的な思考」とは異なります。違和感を覚える人もいるかもしれませんが、これまでの精神論・根性論寄りの営業論では指摘されない事実なのです。

日本的な考え方では人当たりのよさなどの性格的な面で判断しがちですが、性格だけでは「本当のできる営業」かどうかはわかりません。営業は性格コンテストではありません。人柄は必要条件の一つですが、結果を保証する十分条件にはなりえません。「できる営業」は性格がよい人を演じているケースが多いようです。「結果を出している営業」が必ずしも社内では人格者ではないということは、自分の組織で考えてみるとうなずけるのではないでしょうか。

「結果がすべて」――営業でよく聞く使い古された言葉です。しかし、これはハッキリ言って〝誤った営業の常識〟です。古い営業管理の虚構によって刷り込まれた〝科学的な根拠のない言い伝え〟にすぎないのです。

本当は、営業は「プロセスがすべて」なのです。新しい常識は、「結果を出すためのプロセスを明らかにして、それがちゃんとできているかを見える化していくこと」です。

次ページの図を使ってその理由を解説します。この図は「見える結果」と「見えないプロセス」の因果関係を氷山に例えたものです。「氷山モデル」と言います。

「受注」や「売上」などは、数字でわかりやすいので誰にでも見えます。氷山でいうと水面上に出ている部分です。

一方、その結果を出すために必要な「ヒアリング」や「提案」などのプロセスは、

「見える結果」と「見えないプロセス」

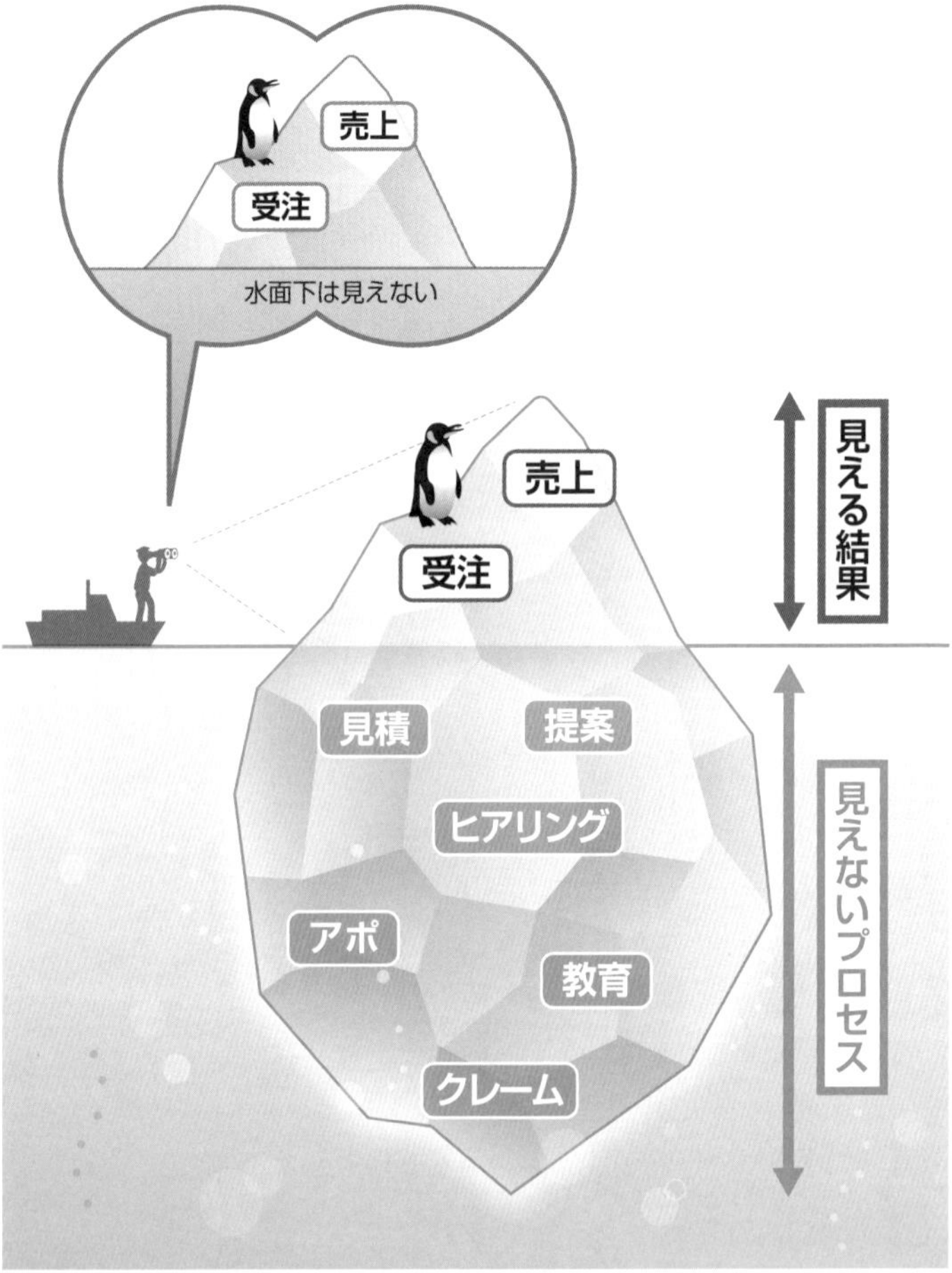

普通はあまり数値化されていないので見えにくくなっています。

しかし、この水面下の部分には、目に見える水面上の何倍もの氷、すなわち、〝結果を出すためにやらなければならないプロセス〟が隠れているのです。

少し考えれば子供でもわかると思いますが、やるべきことをやらずに、結果が出るはずがありません。

常に結果を出し続けている「できる営業」は、結果にしか興味がない人には見えなくても、氷山の水面下にある「やるべきこと＝営業の正解につながるプロセス」を淡々とやっているのです。その隠れた事実に目を向けなければ、更なる飛躍は望めません。

だから「営業はプロセスがすべて」なのです。ただ、言うだけで全員できれば苦労はありません。システムで見える化して、ちゃんとできているかどうかを確認する。できていなければ正す。こういった地道なことが、継続的な業績アップのためには大切になってくるわけです。

今の営業は、「ＳＦＡ／ＣＲＭなどの営業支援システムをうまく活用して、プロセスを見えるようにし、どうやって業績アップを図るかを科学的に考える」という、次のステージに入っています。

「結果かプロセスか」という二項対立のような話ではなく、このような例えで説明すれば、だいたいの方には理解してもらえるようです。

「営業の結果は〝正しいプロセス〟の延長線上にしかない」ということを。

営業の正解 44

営業はプロセスがすべて！ ——結果はプロセスの延長線上に

科学的な思考法 45

「営業の正解」を自分で見つけられますか？

できない営業は ▼ 100通りのやり方があると考える

できる営業は ▼ プロセス思考を繰り返す

「できる営業」は、結果を出すためのプロセスを大切にします。とはいえ、プロセスなら何でもよいわけではありません。プロセスができていれば、結果はどうでもよいというような夢想家でもありません。結果を出すためにどうすればよいかを考え抜きます。

あくまでも、結果を出すためのプロセスにこだわります。そして、やるべきプロセスを徹底します。つまり現実的な〝プロセス思考〟なのです。

ただ注意しなければならないのは、プロセスの考え方です。本書におけるプロセスの定義は、「業績アップや業務効率改善のために、会社や組織が整理・標準化した〝標準プロセス〞」です（234ページを参照）。

以前は、「結果を出せばプロセスはどうでもよい」「営業が100人いたら、100通りのやり方があっていい」という誤った考え方が幅をきかせていました。しかし、日本経済の失われた時代が四半世紀続き、さすがに精神論だけではやっていけないことにみな気がついています。

少しずつですが着実に、プロセスを重視したロジカルな営業にシフトしてきています。営業本もエビデンスに基づく理論的な内容が好まれるようになってきました。

ところが、結果主義が頭にこびりついている人は、いまだに「結果かプロセスか」という二元論に陥りがちです。実際は、プロセスの積み重ねが結果であり、プロセスと結果は分けられるものではありません。結果主義は宗教のようなものですが、結果にこだわりすぎると、プロセスが見えなくなり思考停止に陥りやすくなります。

誰もが「やるべきこと（プロセス）」をしっかりやって結果を出しています。これまで説明してきたような、相談・課題対応、スピーディなレスポンス、約束を守る、ポイントに合った提案といったことです。

やるべきこと＝できる営業のプロセス＝営業の正解です。

「結果が出ない」という悩みがあるのであれば、まずプロセスに分解して原因を探すことです。結果が出ない理由がどこにあるのか具体的なプロセスを分析して特定し、どう改善するかを考えます。そして、改善策をやり抜きます。

これを繰り返し真因を探りながら本質にたどりつくと、「営業の正解」が見えてきます。今まで話を聞いてきた1000人のトップセールスは、こういったプロセス思考を繰り返しているのです。

営業の本質を知るためには、「結果がすべて」という営業の世界にはびこる常識のウソをまず疑ってみることです。

読者のみなさんには、「結果がすべてvs.プロセスも重要」という営業が悩むテーマについて、この機会にぜひ深く考えていただければと思います。

プロセス思考ができているかどうか簡単に見分ける方法があります。担当業務の俯

営業の正解45 結果を出しやすい勝ちパターンをプロセス思考で探す

瞰図をプロセスで描いてみることです。簡単なものでよいので、試しに自分の仕事のプロセスを図にしてみてください。A4の紙やホワイトボードに手書きで構いません。

意外に思うかもしれませんが、全体像が具体的なプロセスで描ける人と、そうでない人ははっきり分かれます。考えている以上に差が出ます。長年やっていても描けない人もいれば、若くてもサッと描ける人もいるのです。

「できる営業」はすぐ描けます。普段からどうやって成果を出せばよいか、プロセス単位で考えているからです。「できない営業」はなかなか手が動きません。部分的にしか描けません。プロセスを意識していないからです。

プロセス図は結果を出すための羅針盤です。プロセスが描けなければ、効率的に成果が出せるはずがありません。結果を出すためのプロセスが描けるかどうかは試金石なのです。

科学的な思考法 46

成功特性をうまく応用できますか？

できない営業は ▼ 他業界の事例は参考にならないと思う

できる営業は ▼ アナロジーを働かせて応用する

本書では1000人のトップセールにヒアリングした、業種・業界を超えた「成功特性」を紹介してきました。成功特性を読み解き、自分の仕事に活かすためには、「アナロジー」が求められます。

アナロジーとは類推すること。論理学や教育心理学では、「2つ以上の異なることの共通性に注目して、関心のあることや課題解決に応用すること」とされています。簡単に言えば良いところをパクってマネすることです。少し違うのは、単純にコピーするのではなく、咀嚼して自分に合うように工夫しながら応用する点です。

世の中には様々な思考法がありますが、「すべての思考はアナロジーから始まる」

とも言われます。既存の知識を学び、新たなことに目を向け、自分ならどうするか考え、試行錯誤するための基本になるからです。

営業にかぎりませんが「できる人」は、アナロジー思考に優れていると言われます。「できる営業」は、アナロジー思考力があるので、既存のやり方に流されず、修正すべき点を見つけ改善することができます。他の業種・業界の成功事例に、自分の仕事と共通する成功特性を見つけることもできます。

人をほめる時に「一を聞いて十を知る」タイプだという言い方をしますが、アナロジーを日本的にうまく例えた表現ではないでしょうか。

「できない営業」は、同じ事例を見ても自分の仕事との共通性に気づけないので、参考にできません。同じことを経験したり、ヒントを与えられてもピンときません。アナロジー思考力がないと、同じ情報があっても差がついてしまうのです。

トップセールスは社内ではマネする相手がいません。あこがれマネされる存在です。同様に、ナンバーワン企業もマネできる同業者はいません。でも、ナンバーワンの地位を維持するために、常に時代の変化に合わせた進化が求められます。

そのためにベンチマークするのは、海外の先進事例や他業界の成功パターンです。業種・業界を超えて共通する成功特性を学び、自分の仕事に取り込み応用するのが、手っ取り早い進化の方法です。

同業につい目を向けがちですが、競合に勝つためのヒントは業界の外にもあります。もちろん競合に勝つために、ある程度は相手のやり方を研究する必要はあります。とはいえ、それだけでは勝てません。競合も同様に同業の研究を行っているので、結局同じようなやり方に収れんされていきます。行きつく先は、価格勝負・体力勝負のレッドオーシャンです。

ブルーオーシャンを見つけるには、業界の外にも目を向ける必要があるのです。常に進化し続け、次の正解を見つけるために、他業界のやり方や先進事例など、新たな外部の知見を取り入れ活用するアナロジー思考力は、「できる営業」にとっても身につけておきたい思考法の一つです。

「できる営業」は、オフの時間でもつい仕事に関連づけて考えてしまうと言います。家族や友人が発したなにげない言葉、テレビニュースやメディアの記事など、日常の生活の中にも参考になるヒントを見つけます。アナロジーのなせるわざです。

課題解決を模索する情報アンテナを常に張っておくことで、何かのきっかけで、自分の仕事に役立ちそうな共通項に気づくことができます。業界の常識や同業のやり方にとらわれず、成功特性＝営業の本質を類推し試してみることで、他と差をつけることができます。

営業でアナロジー思考を働かせるための、具体的なやり方にも触れておきます。まず商品や言葉の違い、強調されやすい業界の特殊性などは忘れることです。「うちの会社は特殊だから」という言葉をこれまでに何度も聞かされましたが、プロセスに分けて考えるとほとんど一緒です。でもこれは、他の会社のプロセスを知る機会がほとんどないので、仕方ないとは思います。

他業種の例の中に参考になりそうな共通性を見つけるためのポイントは、プロセスを因数分解して、似ているプロセスに目を向けることです。

結果を出すために強化したいポイントや、克服したい課題、何とかしたいボトルネックなど、個別のプロセスに特定して考えます。

他の業種・業界であっても参考になるヒントを見つけるためにも、「アナロジー思考」を意識してみてください。

成功パターンや失敗パターンを分析する時も、アナロジーを働かせながら、プロセスに分けて見ていくことで、真因にたどり着きやすくなります。

そして、アナロジー思考とプロセス思考（259ページ参照）を併せて活用すると、さらに奥深い営業の世界を垣間見ることができるようになります。

営業の正解 46 業種・業界を超えた「できる営業の成功特性」を学ぶ

科学的な思考法 47

成功・失敗パターンの分析ができていますか？

できない営業は ▼ 同じミスを繰り返す

できる営業は ▼ 成功だけでなく失敗からも学ぶ

「成功・失敗パターンの分析」の大切さについては、頭ではわかっているはずですが、ほとんどの組織では手つかずになっています。

片や、科学的な営業を目指す勝ち組は、「やるべきことはやる」という信念を持つ経営者や営業リーダーのもとで、着実に取り組んでいます。

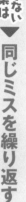

受注・失注情報を貴重なノウハウとして共有するために、新たな人事評価項目として取り入れるところもあるほどです。

受注した場合は会議などでほめたり、その内容を共有したりすることもありますが、失注した場合はどうでしょうか。叱責するか、かわいそうなのであえて何もせずに、うやむやのうちに闇に葬り去るのではないでしょうか。

しかし、失注案件も大切なノウハウの蓄積です。いや、失注案件にこそ、営業改善のための大切なヒントが隠れているのです。成功・失敗パターンの分析を通して得られるのは、正解を見つけるための貴重な実証データです。そこから、同じミスや失敗を繰り返さないための工夫が生まれます。受注率アップの秘策やヒントが見つかります。

失注についてみんなの前で担当を責め立て恐怖感を与えても、本質的な解決にはつながりません。むしろ逆効果です。心理的安全性を損ないます。部下は失敗を隠すことに戦々恐々とし、同様のミスが見えないところで繰り返されます。

同じ轍を踏まぬよう組織内で共有し、人財育成にも活かす方が断然お得です。自社の強みと弱みは何か、「受注・失注分析」を通して把握し、効率的な勝ちパターンの確立を目指す。同じような過ちを繰り返さないことを徹底することにより、受注確率が上がり営業生産性も向上します。

失敗について科学する名著があります。『失敗の科学』（マシュー・サイド著）です。いわく、**失敗を引き起こす真因は組織風土にある。**つまり、繰り返される失敗の本当の原因（真因）は、人的失敗やミスといった表面的なできごとの根底にあるということです。

失敗をどう考えるかという業界や組織の風土そのもの。それが成功・失敗パターン分析を浸透させるために最も重要なポイントになります。

どんなに注意していても失敗は起こります。嘘をついたことがない人がいないのと同じように、誰でも失敗をおかします。失敗を嫌い隠すのではなく、成功への道標として見直してフィードバックを行えば、どう行動や意識を変えていけばよいかを教えてくれる貴重な「事実データ」になります。

何か失敗が起きた時に、「この失敗の原因を検証するために手間と時間をかけるべきか？」と躊躇することは過ちです。逆に時間や手間を惜しんだがゆえに失うものの方がはるかに大きいのです。**失敗から学ぶことは費用対効果が高いと断言できます。**

成功事例というと、1~2ページの薄い資料が頭に浮かびます。こういったペライチ資料は、業務についてよくわかっていない人が、1~2時間くらい表面的な話を聞いて、耳障りのよいストーリーにまとめたものです。

感動的な内容に仕立ててあるのでやる気にはなりますが、いざ着手しようとすると、具体的にどこから手をつければよいかわからず、再現性に乏しいのも問題です。「〇〇さんだからできたので、自分には無理……」というように、かえって逆効果になる場合もよくあります。成功事例が心に刺さらない典型パターンです。

成功・失敗パターン分析を実践的なものにするためには、具体的なプロセスに分解して再現性を高める必要があります。うまくいった理由やうまくいかなかった原因を、具体的なプロセスまで掘り下げて特定することです。

若い営業にスポットを当てるだけでなく、陰でアドバイスしたりサポートしてくれている上司・先輩・同僚の役割もつまびらかにしなければなりません。薄っぺらい資料だけでは表現できないもっと深いところに、真の成功要因が隠れているのです。

「成功・失敗パターンの分析」を活用して、目標未達を繰り返す組織のお荷物的な存在から見事に変身を遂げた大手外食チェーンM社での店舗開発営業の事例が、学ぶところが多いと感じます。

「きれいごとしか書いていない成功事例は意味がない。失敗事例の方が問題の本質をとらえられるのではるかに大切だ」。M社では担当役員Nさんの旗振りで、過去の事例の数々を洗いざらい表に出すことになり、過去数年にさかのぼり〝失敗・成功百選〟をまとめました。

失敗を先においているのは、失敗の方が学ぶことが多いという思いの表れです。口で言うだけではうまくいかないことが予想されたので、失敗分析に協力しやすくする仕組みも工夫しました。

まず、失敗・成功百選の取りまとめへの協力や情報提供を、積極的に取り組むべき業務ミッションの一つとして推奨するために、人事評価に項目を設けました。

担当者の悪口や犯人探しにならないように、過去の責任は一切問わないルールを明確にするなど、安心して協力できる仕組みも整備しました。

プロセスマネジメントと人事評価変革に着手してから半年で、すぐに業績改善効果が表れました。目標達成と未達を行ったり来たり繰り返していた店舗開発数達成率が64%から96%に32ポイントアップ。不採算店率も14%から2%へ激減しました。

功績が認められたN氏は、末席の執行役員から、営業部門を統括する常務に昇格。その後、科学的なマネジメント力が評価されM社の社長まで昇りつめました。

実は、本書も成功・失敗パターン分析の構成をとっています。「できる営業」と「できない営業」という形で、成功パターンと失敗パターンを対比させながら、営業の正解を際立たせているのです。

普段の営業商談を繰り返す中で、成功と失敗を繰り返し心も揺れ動きます。どれくらい意識しているかは別として、結果かプロセスかという弁証法的な思考の中で、すべての営業が試行錯誤を繰り返しています。

しかし、自分の頭の中だけで成功・失敗要因を考えるだけでは、殻を打ち破るのは難しいものです。失敗した時も、自分なりに考え、よかれと思って行った結果なので、また同じことを繰り返す確率が高くなります。

ちょっとした情報や参考になりそうな事例の共有からで構いません。少しずつでよいので、組織の仲間を巻き込みながら、成功・失敗パターンの分析にトライしてみてください。

その先に、組織知を有効活用しながら、自分なりの成功特性を見つける読者の姿が目に見えるようです。

営業の正解 47

失敗パターン分析は、最もコスパのよい業務改善方法！

科学的な思考法 48

戦略・戦術より大切なものは何でしょうか？

できない営業は ▼ 中途半端であきらめる

できる営業は ▼ 何とかしてやり切る

本書ではロジカル／科学的な営業にスポットを当ててきましたが、「成功するために大切なのは、才能よりも情熱と努力し続ける力〝ＧＲＩＴ（グリット）＝やり抜く力〟である」ことが研究結果で明らかになっています。

また、これまでは戦略・戦術ばかりにスポットがあたりがちでしたが、現場実行力に関する興味深い調査結果もあります。「業務のオペレーションに卓越することは考えている以上に難しく、競争優位の源泉である」とする〝オペレーショナル・エクセレンス（卓越したオペレーション力）〟という理論です。

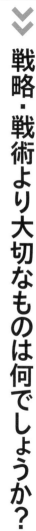

グリット（ＧＲＩＴ）というのは、「大きな成果を出した人の多くは、必ずしも才能に恵まれていたわけではない。成功するために大切なのは、優れた才能よりも、情熱と努力し続ける力〝ＧＲＩＴ（グリット）＝やり抜く力〟をあわせ持っていることだ」という説です。

ペンシルベニア大学心理学教授／アンジェラ・ダックワースが提唱し、『やりぬく力――人生のあらゆる成功を決める「究極の能力」を身につける』という本は日本でもベストセラーになりました。

著者は米国内ではノーベル賞に匹敵する栄誉ある賞で「天才賞」とも称されるマッカーサー賞を受賞しています。

「できる社員」は、多少の無理難題を振られても、リソースが十分でなくても、何とかやり切ります。まずやってみて、そこで得られる気づきやヒントをもとに、正解の光を探します。

「できない社員」は、すぐ取りかかろうとしません。できない理由を並べ立てて、先延ばしにします。やり始めても中途半端なところであきらめてほったらかしにします。

催促しても進展が遅く、いつまで経っても言われたことをやり切ることができません。

もう一つのオペレーショナル・エクセレンス（Operational Excellence）については、『競争戦略より大切なこと』という、ハーバード・ビジネス・レビューマッキンゼー賞（2017年度）を受賞した論文に紹介されています（ラファエラ・サドゥンらによる共著）。

長年にわたり、経営層がまず注力すべきは競争戦略の立案であり、オペレーション力は模倣が容易で、競争優位には貢献しないとされてきました。しかし、世界1万2000社の調査の結果、オペレーショナル・エクセレンス（卓越したオペレーション力）こそが、好業績を生み出す競争優位の源泉であることが明らかになりました。

卓越したオペレーションを行うのは、口で言うほど簡単ではない。組織内で浸透・徹底させるには時間がかかり、簡単には真似のできないマネジメントスキルであるというのです。

これは戦略一辺倒で現場力にあまり重きをおいてこなかった近年のアメリカ的経営

に本質的な疑問を投げかけています。日本企業が得意とする現場のオペレーション力の大切さを思い出させてくれる重要な視点だと言えます。

本書の視点で言い換えるとこうなります。「できる営業」に成功特性を尋ねた時の一番多い答えは、「当たり前のことをやっているだけです」という何でもない言葉であることは何度か書きました。

しかし、当たり前のこと＝やるべきオペレーションを、コツコツとやり続けることは容易ではありません。頭でわかっていても、実際できているかどうかは別なのです。当たり前のことがきちんとできるということは、一種の能力であり、成功特性の一つなのです。

「できる営業」は、オペレーション能力（実務能力）がしっかりしています。顧客に言われたことにスピーディに反応し、求めていることをきっちりヒアリングして把握。共有できたニーズ、課題や相談にポイントを外さずに柔軟に対応します。約束したことは期日までにやり切ります。

「できない営業」は、実務能力がえてして低めです。やるべきことをやり切るという意識が希薄です。すぐあきらめてしまいます。まず顧客が求めていることが正確に理解できていません。言われたこと、聞かれたこと、頼まれたことへの対応が十分できません。対応が遅い上にズレています。約束したことがちゃんとできません。

「やり切る力」と「卓越したオペレーション力」。言葉にすれば、シンプルで拍子抜けするようなことですが、世界有数の大学の心理学や経済学、経営管理の教授たちが注目する、成功特性を超えた真理だと言えます。

営業の正解 48

成功するには頭の良さよりも、情熱と努力し、やり抜く力〝GRIT〟

【おわりに】

最初、出版社に提案した企画書は、〝プロセス主義®〟についての本でした。残念ながら、その企画はあえなくボツ。内容は実践的で効果も高そうだが、読者層が経営者や管理職クラスに限られ、売れそうもないのが理由でした。

しかし、企画相談をする中で伝えた一つの言葉が、別の可能性を与えてくれました。**「できる営業には、業種・業界を超えて共通する普遍的なノウハウがある」**。このフレーズが本書のもとになりました。

業種・業界を超えて共通するノウハウがある。そのことに気づいたのは、起業を目指して、勤めていた商社を辞め、ＩＴの世界への転身を図った時です。もともと起業志向で商売のネタを探していたのですが、「これからはＩＴが重要な役割を果たす」と予感したのです。

それまでは船舶のファイナンスを行っていました。世界中のお客様と仕事ができるやりがいはあったものの、仲介の立場で物足りなさを感じていました。また、エンドユーザーと触れ合う機会も少なく、社会に貢献できている実感もありませんでした。

そこで、当時一大ブームとなっていて、大きな飛躍が期待されたIT業界へのキャリアチェンジを決心したのです。最終的には、基幹システム（ERP）のソフトウエアを販売する外資系の会社への転職を決めました。

「新しいIT業界で、デジタルなビジネスができる」と意気揚々、期待に心を躍らせていました。ところが転職してしばらく経ち仕事に慣れた頃、ふと気づきます。

仕事のプロセスが、商社時代とほとんど同じであることに。

〈顧客訪問→概要説明→関係構築→ヒアリング→提案〉というプロセスが、船舶の営業とほとんど同じなのです。違うのはパワーポイントを駆使した提案と、IT業界ならではのソフトウェアのデモくらいでした……。

その時は少し不思議に感じた程度でしたが、それが2つのまったく畑の違う業界の共通性を感じた最初の経験です。

おつきあいのあるお客様からは、私の強みは「できる社員」の言語化しにくいノウハハウの本質をとらえて、標準化・見える化できるところだと言ってもらえます。そして、その強みを活かして1000人以上のトップセールスの話を〝見える化ツール〟という資料にまとめてきました。

本書で紹介してきた48の「営業の正解」は、その営業の成功特性のエッセンスを、再現しやすいようにわかりやすく言語化したものです。

実は、見える化ツールには、本書で解説している内容の全体構造を1枚のシートにまとめた〝プロセス見える化シート〟というものも含まれています（次ページ参照）。売る商品やサービスが違っていても、プロセスは似ているということがこのシートを見ればよくわかってもらえると思います。

ただ残念なのは、本書では目次にプロセスタブを設けるなど工夫はしましたが、詳しくは踏み込めなかったことです。そこで、この〝プロセス見える化シート〟を、**読者限定特典としてプレゼントしたいと思います**。詳しくは286ページをご覧ください。

ところで、最初の企画書で考えていたプロセス主義®には、わかる人とわからない人がハッキリ分かれるという悩みがありました。プロセス主義®は、簡単にいうと「成

■ "プロセス見える化シート　Ver.2"

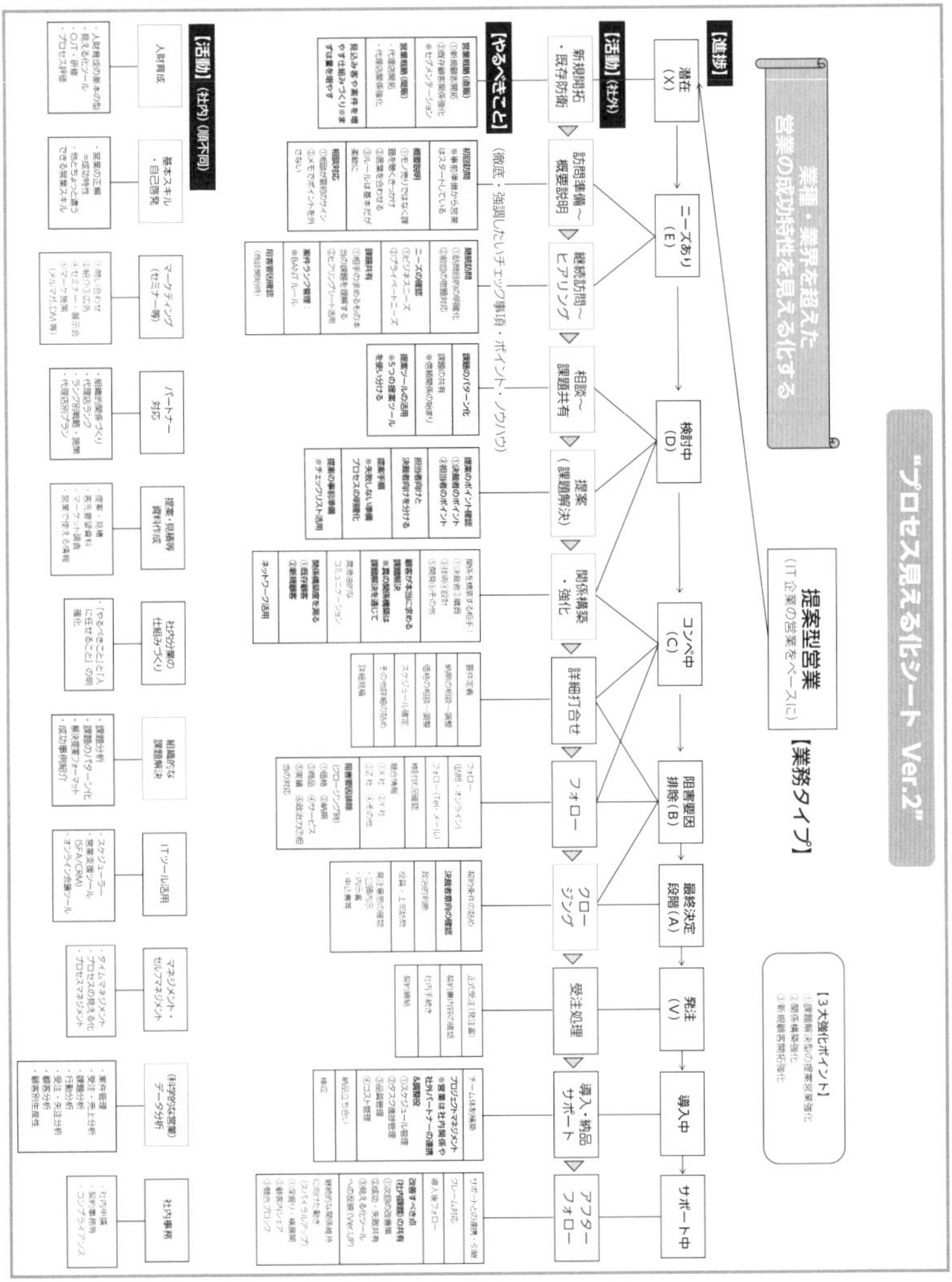

果につながりやすいプロセスを標準化・見える化して、人事評価と結びつけ、人々のがんばりを支える」という成果主義に代わるコンセプトです。

その必要性は、わかる人にはすぐわかってもらえます。ところが、わからない人には何度説明してもわかってもらえないのです。科学的な営業、見える化、プロセス評価などに課題意識がある人、自分で試行錯誤し本質的な解決策を求める人には、理解してもらえるようです。

例えば、役員クラスや部長などの決定権者と話す機会が多く、マネジメント向けの本も書いているため、そのクラスの人とは話が合います。

一方で、課長クラスやその下の若手の人には、今一つ腹落ちしていないのではないか？　という課題も漠然と感じていました。

ただこれでは、相手を選ぶことになり、組織への浸透度が低くなります。どうやればもっと多くの人に理解しやすくなるのだろう？　というのが自分の課題感でした。

そんな悩みを抱えながらも次の出版企画を検討していた時に、かんき出版編集部の大西啓之さんに冒頭に書いたヒントをいただきました。プロセス主義®から営業の正解にテーマは変わりましたが、プロセス見える化をわかりやすく伝える、という本質は同じではないかと感じました。

「業種・業界を超えたトップセールスの成功特性」というコンセプトを逆提案してもらったことに、この場を借りあらためて深謝申し上げます。

顧客課題やニーズは常に変化します。営業に求められることも変化し、複雑になります。それに合わせて、営業の正解も変化を求められます。

本書では限られた数しか紹介できませんでしたので、営業で求められる本質的・普遍的な成功特性に絞りました。読者のみなさんが何らかのヒントを得て、自分なりの正解を見つける一助になれば幸いです。

自分の会社のトップセールスやできる営業のプロセスを標準化・見える化したい方は、ぜひご連絡ください。私もみなさんのお役に立てるように、これからも知見をさらに高めていきたいと考えています。

読者の方とお会いし、新しい営業の正解を教えてもらう機会を楽しみにしています。

2023年1月

山田　和裕

★ 〜読者限定特典のご案内〜 ★

"プロセス見える化シート Ver.2"の PDF版ダウンロードプレゼント

このたびは本書をご購入いただき、誠にありがとうございます。
読者限定特典として、"プロセス見える化シート Ver.2" をプレゼントします。以下のQRコードから読み取るか、QRコードの左に記載したURLにて、無料でダウンロードできます。
このシートの特徴と活用例を挙げておきます。

◎「できる営業」の勝ちパターンを参考にしてまとめた提案型営業の俯瞰図
◎「営業の正解」= 成功特性のポイントをわかりやすく見える化した成功パターン
◎ 人財育成の基本の型のベース
◎ 課題、改善のヒントやボトルネックを見つける羅針盤
◎「できているプロセス」と「できていないプロセス」のチェックシート

印刷する場合は、A3がおすすめです。営業プロセス全体を見渡す際には、A4では小さく感じる場合があります。印刷はせずにPC画面で見る際は、全体感と細部を、拡大・縮小の倍率を変えながらご覧ください。

〈QRコードを読み取って特典を受け取る〉

※特典の紹介ページは下記からもアクセスできます
https://www.flecrea.com/download002/

必要情報をご入力後パスワードも求められますので、入力欄に「flecrea0208」と入力してください。

ご注意

●この「読者限定特典」は、上記ウェブサイトでの配布となります。ダウンロードに際してはお名前、メールアドレス等の必要情報の登録をお願いします。登録された情報は、弊社のメルマガ配信、サービスやセミナーのご案内等、営業活動等に使用させていただく場合がございます。適切な管理に努め、承諾なしに他の目的に利用しません。
●上記の「読者限定特典」は事前の予告なく終了する可能性があります。この特典へのお問合せは、株式会社フリクレア（メール info@flecrea.com、TEL 03-5637-7180）までお願いします。

【著者紹介】

山田　和裕（やまだ・かずひろ）

◉——株式会社フリクレア代表取締役。プロセスコンサルティングの第一人者。「プロセス見える化」と「プロセス評価」を連携させた“プロセス主義®”を提唱。特に営業の見える化を得意とし、業種・業界にとらわれず、100社以上の大手・中堅企業のプロセス改善・営業強化に貢献。

◉——1000人以上のトップセールスに行ったヒアリングと分析をもとに、「できる社員」の勝ちパターン ＝ 成功特性を標準化して「見える化ツール」にまとめる独自の“3次元プロセス分析法®”を開発。

◉——総合商社丸紅での船舶ファイナンスからIT業界へ転身。ERP（基幹システム）の旧バーンジャパンを経て、ソフトブレーンでSFA（営業支援ツール）のトップセールスに成長する過程で、「結果を出すためのプロセスの見える化と人事評価の連携が重要であること」に気づき、世の中に広めることを決意し、2008年にフリクレアを起業。1984年一橋大学商学部卒業。宮崎県出身。

◉——著書に『1枚のシートで業績アップ！ 営業プロセス“見える化”マネジメント』（同文舘出版）、『さらばイエスマン 人が活きる「プロセス評価」』（日経BPコンサルティング）がある。

■株式会社フリクレア公式サイト https://www.flecrea.com/

1000人《にん》のトップセールスをデータ分析《ぶんせき》してわかった

営業《えいぎょう》の正解《せいかい》

2023年 2月 6日　　第1刷発行
2023年 4月11日　　第2刷発行

著　者——山田　和裕
発行者——齊藤　龍男
発行所——株式会社かんき出版
東京都千代田区麴町4-1-4 西脇ビル　〒102-0083
電話　営業部：03(3262)8011㈹　編集部：03(3262)8012㈹
FAX　03(3234)4421　　振替　00100-2-62304
https://kanki-pub.co.jp/

印刷所——シナノ書籍印刷株式会社

　ISBN978-4-7612-7653-9 C0030